W0063877

Knaur.

Knaur.

Über den Autor:
Prof. Dr. med. Gerd Schulte-Körne ist Direktor der Klinik für Kinder-
und Jugendpsychiatrie, Psychosomatik und Psychotherapie am Klinikum
der Ludwig-Maximilians-Universität München. Darüber hinaus ist er Vor-
sitzender des wissenschaftlichen Beirats des Bundesverbandes Legasthenie
und hat bereits mehrere Fachbücher zum Thema veröffentlicht.
Seine Forschungsarbeiten wurden mit mehreren Wissenschaftspreisen aus-
gezeichnet.

Prof. Dr. med. Gerd Schulte-Körne

Ratgeber Legasthenie

**Frühzeitig erkennen.
Richtig reagieren.
Gezielt behandeln.**

Knaur Taschenbuch Verlag

Besuchen Sie uns im Internet:
www.knaur.de

Aktualisierte und erweiterte Taschenbuchausgabe 2009
Knaur Taschenbuch.
Ein Unternehmen der Droemerschen Verlagsanstalt
Th. Knaur Nachf. GmbH & Co. KG, München.
Copyright © 2004 Knaur Ratgeber Verlag.
Ein Unternehmen der Droemerschen Verlagsanstalt
Th. Knaur Nachf. GmbH & Co. KG, München.
Alle Rechte vorbehalten. Das Werk darf – auch teilweise – nur mit
Genehmigung des Verlages wiedergegeben werden.
Umschlaggestaltung: ZERO Werbeagentur, München
Umschlagabbildung: FinePic®, München
Satz: Gaby Herbrecht
Druck und Bindung: Norhaven A/S
Printed in Denmark
ISBN 978-3-426-79833-1

2   4   5   3   1

Inhalt

Vorwort

Täglich werde ich von Eltern gefragt: Ob bei ihrem Kind eine Legasthenie vorliegt? Was sie tun müssen, um eine Legasthenie feststellen zu lassen? Was die Ursachen sind? Wie Lehrer und Eltern helfen können? Motiviert durch meine Arbeit mit legasthenen Kindern und ihren Familien in der Diagnostik, Förderung und Forschung sowie durch Fortbildungen für Lehrkräfte und Therapeuten, habe ich die Erkenntnisse der letzten Jahre aus Praxis und Forschung zusammengestellt.

Der *Ratgeber Legasthenie* gibt Ihnen die aktuellste, wissenschaftlich fundierteste und umfassendste Übersicht zu den Themen Diagnostik, Ursachen und Förderung bei der Legasthenie. Acht Kapitel führen Sie von der Frage, was Legasthenie ist, bis zu der Darstellung, wie Kinder und Jugendliche mit einer Legasthenie erfolgreich gefördert werden können. Beispiele aus der Praxis geleiten Sie durch dieses Buch und geben Ihnen viele praktische Hinweise, wie die einzelnen Schritte zur Diagnostik aussehen, was Sie über schulische und außerschulische Hilfen und Förderung wissen sollten und was Sie selbst tun können. Wichtig war mir auch die Information über die Möglichkeiten, die Sie als Eltern haben, um die Chancen Ihres Kindes mit einer Legasthenie in unserem Bildungssystem zu verbessern. Aktuelle Ergebnisse der Ursachenforschung geben Ihnen neue Einsichten und werden Ihr Verständnis der Legasthenie verbessern.

Den größten Umfang in diesem Buch nehmen die Förder- und Behandlungsmöglichkeiten ein. Es gibt mittlerweile

Förderprogramme, die in ihrer Wirksamkeit gut untersucht sind und die ich Ihnen und den Therapeuten Ihres Kindes empfehlen kann. Ich stelle sie Ihnen in diesem Buch vor. Leider ist die Verbreitung von nicht wirksamen Programmen sehr groß. In diesem Buch erfahren Sie auch, welche Programme *nicht* zu empfehlen sind.

Der *Bundesverband Legasthenie und Dyskalkulie e.V.* vertritt bundesweit die Interessen und Rechte der Eltern. Ich möchte mich für die Unterstützung des Verbandes für dieses Buch sehr herzlich bedanken. Ferner gilt mein Dank der Redakteurin Frau Dr. Jabs und den Lektorinnen Frau Colsman und Frau Harlfinger, die mit ihren Anregungen zur Gestalt dieses Buches beigetragen haben.

Prof. Dr. med. Gerd Schulte-Körne
Direktor der Klinik und Poliklinik für Kinder- und Jugendpsychiatrie, Psychosomatik und Psychotherapie, Ludwig-Maximilians-Universität München

Wie erkenne ich, ob ein Kind eine Legasthenie hat?

Viele Fehler beim Schreiben sowie langsames und fehlerhaftes Lesen kennzeichnen häufig die Legasthenie. Aber auch Bauch- und Kopfschmerzen können erste Anzeichen sein.

Fallbeispiel: Erste Anzeichen

Max besucht die dritte Klasse der Grundschule. Er hat sich auf die Schule gefreut, ging zunächst immer gerne zur Schule. In den letzten Wochen hat Max morgens immer häufiger Bauchschmerzen, er steht nur ungern auf und hat keinen Appetit. Da die Bauchschmerzen immer schlimmer werden, geht Max' Mutter mit ihm zum Kinderarzt. Nach eingehender Untersuchung kommt der Kinderarzt zu dem Ergebnis, dass Max körperlich gesund ist. Jedoch fällt ihm auf, dass Max traurig wirkt. Der Kinderarzt fragt, ob Max Probleme in der Schule habe. Zunächst antwortet Max' Mutter, dass schulisch alles in Ordnung sei. Dann erinnert sie sich, dass Max bereits im zweiten Schuljahr bei Diktaten recht viele Fehler hatte und die Lehrerin sie schon im Elterngespräch gebeten hatte, mehr mit Max zu üben. Sie habe zwar der Lehrerin gleich geantwortet, dass sie regelmäßig mit Max üben würde, jedoch gedacht, dass dies wohl nicht genug sei.

Der Kinderarzt rät Max' Mutter, zu einem Fachkollegen, einem Kinder- und Jugendpsychiater, zu gehen, um zu überprüfen, warum Max so traurig ist. Möglicherweise hängt dies mit seinen Rechtschreibproblemen zusammen.

Diese kurze Fallgeschichte soll verdeutlichen, dass ein legasthenes Kind zuerst vielleicht durch ganz andere Probleme als die Schwierigkeiten beim Lesen und Rechtschreiben auffällt. Natürlich stehen Schwierigkeiten beim Schreiben von Wörtern und Lesen von einzelnen Wörtern im Vordergrund der Legasthenie. Aber auch Verhaltensauffälligkeiten können zusätzliche Hinweise für das Vorliegen einer Legasthenie sein: Herumkaspern in der Schule, Kopf- und Bauchschmerzen vor Klassenarbeiten, Schlafstörungen oder nächtliches Einnässen, das wieder auftritt, obwohl das Kind seit mehreren Jahren trocken ist.

In den ersten beiden Schuljahren haben legasthene Kinder beim Rechtschreiben große Schwierigkeiten, einzelne Buchstaben zu unterscheiden und zu schreiben. Trotz Unterstützung fällt es besonders schwer, für das gehörte Wort die richtigen Buchstaben zu finden. Einzelne Buchstaben werden weggelassen oder auch zusätzlich eingefügt. Z. B. wird anstatt *Kind* nur *Kin* geschrieben, anstatt *Maus* nur *Mas*. Zum Teil werden nur Wortruinen verschriftlicht, wie z. B. *letr* für *Blätter*. Auch das Abschreiben aus einem Buch oder von der Tafel gelingt nur mit vielen Fehlern. Zusätzlich ist oft die Handschrift unleserlich. Am Beispiel des Rechtschreibtests von Max (siehe Abbildung auf S. 16), der die dritte Klasse besucht, durchschnittlich intelligent ist und von seinen Eltern bei den Hausaufgaben und beim Lernen regelmäßig unterstützt wird, kann man sehen, wie schwer es Max fällt, einzelne Wörter richtig zu schreiben. Bei diesem Test sollte Max in die Lücken im Satz die ihm diktierten Wörter richtig schreiben. Man kann gut sehen, wie Max sich bemühte, zumindest lautgetreu die Wörter wiederzugeben. Jedoch gelang es Max nicht, die Wörter orthographisch richtig zu schreiben.

Beim Lesen fällt es den legasthenen Kindern schwer, die einzelnen Laute zu verbinden. Zum Beispiel wird beim Wort

Form A

18 In der _Fabrig_ arbeiten viele Menschen. ☐ ∣ ∣

19 Menschen _wenschtendigen_ sich durch Sprache. ☐ ∣ ∣ ∣

20 Der _Elegliger_ repariert die Stromleitung. ☐ ∣ ∣ ∣ ∣

21 Wir hören gern _Sohlamente_ Geschichten. ☐ ∣ ∣ ∣ ∣

22 Meistens hat _der Erewolgreiche_ viele Neider. ☐ ∣

23 Oft sind wir abends _zimlich_ müde. ☐ ∣

24 Bei starker _Kelte_ frieren wir. ☐ ∣

25 Er hat die Prüfung _glemsent_ bestanden. ☐ ∣ ∣ ∣

26 Wir sind _hofentlich_ bald fertig. ☐ ∣

27 Jede größere Stadt hat einen _Jugentläge_ . ☐ ∣ ∣

28 Vor Sonnenaufgang ist die _Morgendemerun_ . ☐ ∣ ∣ ∣

29 Statt ›unvorsichtig‹ kann man auch _Waribrich_ sagen. ☐ ∣ ∣ ∣ ∣ ∣

30 Thomas kann man leicht _zo zum lachen_ bringen. ☐ ∣

31 Auf _gumbegfanen_ Stühlen kann man schlecht sitzen. ☐ ∣

32 Auf dem See fahren Leute in _Ratehtelbotten_ . ☐ ∣ ∣ ∣ ∣ ∣ ∣

33 Im Park kann man _t Sparziverngen_ . ☐ ∣ ∣ ∣ ∣

34 Sein Gesicht _Werzerte_ sich vor Schmerz. ☐ ∣ ∣

RW₂ ☐ 0 45

Rechtschreibtest eines Drittklässlers mit einer Legasthenie

Mond nur der Anfang *M...o* lautet, das Zusammenfügen mit den nachfolgenden Lauten misslingt jedoch. Insgesamt ist die Lesegeschwindigkeit erheblich herabgesetzt. Einzelne Wörter werden mit großer Mühe nacheinander gelesen, und dadurch wird häufig der Sinn des Satzes nicht verstanden. Manchen legasthenen Kindern gelingt es, Sätze auswendig zu lernen. So kann der Eindruck entstehen, dass sie recht gut lesen können. Bei unbekannten Wörtern und Sätzen wird dann aber deutlich, dass große Probleme vorliegen.

Bei manchen Kindern fallen die Rechtschreibprobleme erst dann auf, wenn in der Schule statt geübter Diktate unbekannte Texte (»ungeübte Diktate«) geschrieben werden. Diese Kinder verfügen über gute Gedächtnisfähigkeiten, so dass es ihnen gelingt, einzelne, häufig geübte Wörter im Gedächtnis zu speichern. Allerdings ist ihre Strategie nicht auf Dauer erfolgreich, denn sie können nicht eine ausreichende Anzahl von Wörtern im Gedächtnis speichern, um eine durchschnittliche Rechtschreibleistung zu entwickeln.

In der dritten und vierten Klasse kommt es oft zusätzlich zu Schwierigkeiten in anderen Fächern, zum Beispiel im Rechnen, wenn Textaufgaben gelesen und gelöst werden. Da in fast allen Fächern das Lesen Grundlage für den Wissenserwerb darstellt, sind legasthene Kinder häufig in fast allen Schulfächern benachteiligt. Dies führt manchmal dazu, dass legasthene Kinder als dumm bezeichnet werden, da das allgemeine Leistungsversagen auf mangelnde Intelligenz zurückgeführt wird. Dass der Hintergrund für die Schulschwierigkeiten eine Legasthenie ist, wird oft nicht erkannt und kann erst durch eine eingehende Diagnostik festgestellt werden.

Fallbeispiel: Scheitern trotz vielen Übens

Max ist in der Rechtschreibung sehr schlecht. Seine Lehrerin schreibt unter seine Hausaufgaben, dass er mehr üben und sich mehr Mühe geben soll, die Wörter richtig zu schreiben. Beim Elternabend wird Max' Mutter von der Klassenlehrerin direkt angesprochen. Max mache, so berichtet die Lehrerin, in der Rechtschreibung kaum Fortschritte. Außerdem seien Max' Hausaufgaben häufig sehr fehlerhaft. Sie bittet Max' Mutter, die Hausaufgaben besser zu kontrollieren und mit Max täglich zehn Wörter zu schreiben.

Max' Mutter ist durch die Lehrerin eingeschüchtert und traut sich nicht zu sagen, dass sie bereits mit Max ständig übt und es mittlerweile aufgegeben hat, alle Fehler aus den Hausaufgaben zu korrigieren. Sie berichtet auch nicht darüber, dass sie sich mit Max ständig um die Hausaufgaben streitet und es ihr kaum noch gelingt, Max dazu zu bringen, überhaupt die Hausaufgaben anzufertigen.

Die Schwierigkeiten beim Lesen und Rechtschreiben fallen, wie das Fallbeispiel zeigt, auch bei den Hausaufgaben auf. Die Kinder benötigen viel Zeit für die Hausaufgaben, sie sind wenig motiviert zu schreiben, lassen sich leicht ablenken oder »vergessen« die Hausaufgaben. Dies führt häufig dazu, dass Eltern versuchen, durch gemeinsames und nicht selten andauerndes Üben die Rechtschreibleistung zu verbessern. Obwohl seitens des Kindes und der Eltern viel Zeit und Mühe für das Üben aufgewandt wird, sind die Fortschritte im

Lesen und Rechtschreiben sehr gering. Teilweise verschlechtern sich die Leistungen auch trotz des Übens.

Auch wenn es dem Kind manchmal direkt nach intensivem Üben gelingt, die Lernwörter überwiegend richtig zu schreiben, schreibt es am nächsten Tag in der Schule die meisten geübten Wörter wieder falsch. Die angespannte Hausaufgabensituation und das Versagen des Kindes im Diktat führen oft zu Spannungen zwischen Eltern und Kind. Eltern werfen sich gegenseitig Versagen vor, das Kind erlebt einen kontinuierlichen schulischen Misserfolg, so dass ein erheblicher Eltern-Kind-Konflikt nicht selten die Folge ist. Alle Beteiligten wissen oft nicht, warum gerade ihr Kind solche schulischen Schwierigkeiten entwickelt.

Fallbeispiel: Auch Eltern geraten unter Druck

Max' Vater bemerkt, dass sich das Verhältnis zwischen seiner Frau und Max in letzter Zeit deutlich verändert hat. Seine im Nachbarhaus lebenden Eltern haben schon vor längerer Zeit gesagt, dass seine Frau Max verziehe und nicht streng genug sei. Wenn seine Frau nur richtig durchgreifen und das viele Fernsehen verbieten würde, dann würde Max auch richtig schreiben lernen. Max' Vater ist verunsichert und spricht seine Frau auf die Probleme mit Max an. Sie berichtet, dass sie mittlerweile am Ende sei, da sie Druck von allen Seiten verspüre, von der Schule, von den Großeltern, von Max – und sie merke auch, dass sie nicht ausreichend von ihrem Mann unterstützt werde. Er unternehme mit Max fast nur die angenehmen Dinge, wäh-

rend sie sich um die schwierigen, weniger angenehmen
Arbeiten kümmern dürfe. Beide Eltern sind ange-
spannt und erheben gegenseitige Vorwürfe.

Die Legasthenie belastet oft die gesamte Familie (siehe Fallbeispiel auf S. 19 f.), und viele Konflikte werden dann deutlich, wenn konkrete Leistungsanforderungen im Lesen und
Schreiben an das Kind gestellt werden.
Im Unterricht erleben die legasthenen Kinder häufig wenig
Unterstützung. Lehrer stellen die Legasthenie zu selten fest
oder sind unsicher, ob eine Legasthenie vorliegt. Das Verhalten des Schülers richtig einzuschätzen, warum er zum Beispiel so traurig oder so unruhig ist, fällt oft schwer. Aus dieser
Unsicherheit werden vielfach falsche Folgerungen gezogen
und der Druck auf den Schüler wird erhöht. Ursachen für die
schlechte Lese- und Rechtschreibleistung werden im familiären Umfeld gesucht: zum Beispiel dass eine alleinerziehende
Mutter nicht genug Zeit für ihr Kind habe, um es angemessen
zu unterstützen.

Fallbeispiel: Der Stress beginnt in der Schule

Max geht nur noch ungern in die Schule. Besonders vor
dem Deutschunterricht hat er Angst. Sein Deutschlehrer
hat ihm gestern bereits gedroht, er werde sich etwas Be-
sonderes einfallen lassen, wenn Max morgen die Lern-
wörter nicht geübt habe und sie richtig schreiben könne.
Dies hat der Lehrer bereits in den letzten Wochen wie-
derholt gesagt. Da musste Max mit ihm in die erste
Klasse gehen und an der Tafel den Erstklässlern zeigen,

wie schlecht er schreiben kann. Max hat zu Hause viel geübt, um die Wörter richtig schreiben zu können. Seine Mutter hat ihm die Wortlisten so oft diktiert, bis er 20 Lernwörter endlich richtig schreiben konnte. Trotzdem weiß er, dass er wieder in der Klasse beim Schreiben Schwierigkeiten haben wird. Als genau das eintritt, fordert ihn sein Lehrer auf, er solle die Wörter 20 Mal abschreiben, wenn er nicht ordentlich übe. Max ist ganz verzweifelt. Er springt auf und rennt nach Hause.

Nicht selten wird der Druck in der Klasse dadurch erhöht, dass legasthene Kinder durch quälende Vorlese- und Rechtschreibübungen an der Tafel bloßgestellt werden. Infolge der schulischen Misserfolge und der familiär belastenden Situation können psychische Probleme beim Kind entstehen: Ängste, Traurigkeit, Herumkaspern und z. T. sogar aggressives Verhalten.

Diese emotionalen Probleme und Verhaltensschwierigkeiten sind gerade bei legasthenen Kindern der dritten und vierten Klasse häufig erst der Auslöser für die Einleitung einer eingehenden Untersuchung.

In dem Textkasten auf Seite 22 f. sind die wesentlichen Merkmale der Legasthenie zusammengefasst.

Legasthenie-Merkmale in der Schule

Beim Lesen
· Buchstaben des Alphabets werden nur langsam
  gelernt
· Zuordnung von Buchstaben zu Lauten gelingt sehr
  schlecht
· Buchstaben werden ausgelassen, hinzugefügt oder
  ersetzt
· Silbengliederung gelingt nur teilweise
· Einzelne Laute des Wortes können nur schlecht
  unterschieden werden
· Zusammenziehen von Einzellauten zu einem Wort
  bereitet große Schwierigkeiten
· Langsames Lesetempo
· Größere Leseprobleme bei längeren Wörtern
· Langes Zögern beim Lesen
· Verlieren der Zeile im Text
· Wortendungen werden nicht gelesen
· Ganze Wörter werden ausgelassen oder ersetzt
· Schwierigkeiten, aus dem Gelesenen Zusammen-
  hänge zu erkennen und Schlussfolgerungen zu
  ziehen

Beim Schreiben
· Geringe Buchstabenkenntnis
· Schwierigkeiten beim Schreiben von Buchstaben, Wörtern und Sätzen
· Geringe Motivation zum Schreiben von Wörtern
· Hohe Fehlerzahl bei ungeübten Diktaten
· Fehler beim mündlichen Buchstabieren
· Hohe Fehlerzahl beim Abschreiben von Texten
· Unleserliche Handschrift

Im Verhalten
· Neu aufgetretenes, unruhiges Verhalten, Aufspringen und Herumkaspern in der Klasse
· Unvollständige oder fehlende Hausaufgaben
· Zurückgezogenheit, Traurigkeit
· Provozierendes Verhalten
· Geringe oder wechselnde Aufmerksamkeit, leichte Ablenkbarkeit

Legasthenie-Merkmale zu Hause

Im Verhalten
- Kopfschmerzen, Bauchschmerzen morgens vor der Schule (vor allem an Tagen vor Diktaten – nicht in den Schulferien!)
- Nächtliches Einnässen, wenn zuvor bereits seit mehreren Jahren trocken
- Verstimmung, Traurigkeit, wenig Selbstvertrauen

Beim Üben
- Lang andauernde Hausaufgaben bis zu 3–4 Stunden
- Streit bei Hausaufgaben
- Häufig fehlende Hausaufgaben

In der Familie
- Angespannte Elternsituation mit gegenseitigen Vorwürfen
- Ängste, Traurigkeit der Eltern

Die Begriffe Lese-Rechtschreib-Störung und Legasthenie

Mit dem Begriff *Lese-Rechtschreib-Störung* oder *Legasthenie* wird eine Störung bezeichnet, die durch deutlich ausgeprägte Schwierigkeiten beim Erlernen des Lesens und/oder des Rechtschreibens gekennzeichnet ist. Inhaltlich bedeuten beide Ausdrücke dasselbe; praktisch ist heute im allgemeinen Sprachgebrauch seltener von Legasthenie, häufiger von Lese-Rechtschreib-Störung die Rede. Und so ist die Störung definiert: Trotz regelmäßigen Schulbesuchs, ausreichender kognitiver Fähigkeiten (Intelligenz) und mündlicher Beherrschung der deutschen Sprache sind die Kinder nicht in der Lage, ausreichend lesen und rechtschreiben zu lernen.

Im Einzelfall lässt sich eine Lesestörung von einer Rechtschreibstörung unterscheiden, da es Kinder gibt, die allein im Lesen beeinträchtigt sind, und andere, die nur Probleme bei der Rechtschreibung aufweisen. Häufiger sind aber beide Bereiche, das Lesen und Rechtschreiben, betroffen. Die isolierte Rechtschreibstörung und die isolierte Lesestörung sind seltener. Daher wird auch überwiegend von der Lese-Rechtschreib-Störung oder Legasthenie gesprochen.

Der Begriff Legasthenie steht für die Schwäche (griechisch: *asthenia*) im Lesen (lateinisch: *legere*). Dieser Begriff geht auf Paul Ranschburg (1916) zurück, der als Arzt dieses Störungsbild bei Kindern beschrieb und damals eine Störung von Hirnfunktionen als Ursache annahm. Vermutlich wurde die

Legasthenie (im Englischen *dyslexia* genannt) erstmals von englischen Augenärzten an Familien beobachtet, in denen Kinder und Eltern, z. T. auch Großeltern, trotz ausreichender Sehfunktionen und regelmäßigen Unterrichts nicht oder nur sehr schlecht lesen und schreiben konnten. Da die Legasthenie familiär gehäuft auftrat, hielten sie eine genetische Veranlagung für wahrscheinlich.

Die Weltgesundheitsorganisation (WHO) zählt die Lese-Rechtschreib-Störung zu den psychischen Erkrankungen. Die WHO spricht nicht von Legasthenie, sondern verwendet den Begriff Lese-Rechtschreib-Störung.

Das Klassifikationsschema der WHO (Internationales Klassifikationsschema psychischer Störungen, ICD-10) beschreibt das Störungsbild hinsichtlich der Symptome und der Diagnostik. Das ICD-10 unterscheidet zwischen einer *Lese- und Rechtschreibstörung* und einer *Isolierten Rechtschreibstörung*. Zur Diagnostik werden Kriterien genannt, anhand deren die Störung festgestellt werden sollte. Hierzu gehören auch sogenannte Einschluss- und Ausschlusskriterien. Als zentrales Einschlusskriterium wird gefordert, dass die Lese- und/oder Rechtschreibleistung unter dem Niveau liegen muss, das ein Kind aufgrund seines Alters, der allgemeinen Intelligenz und der Beschulung erreichen sollte. Dies bedeutet, dass die Rechtschreibleistung in Beziehung zur Intelligenz, zur Klassenstufe oder zum Alter gesetzt wird. Für die Praxis heißt dies, dass man erst von Lese-Rechtschreib-Störung spricht, wenn die Lese- und Rechtschreibleistung deutlich unter dem Klassendurchschnitt liegt und von den kognitiven Fähigkeiten des Kindes stark abweicht.

Fallbeispiel: Diagnose Legasthenie?

Lukas ist ein Grundschüler der dritten Klasse. Er wurde mit standardisierten Intelligenz-, Lese- und Rechtschreibtests untersucht. Anhand der Tests sollte festgestellt werden, wie groß das Ausmaß seiner Rechtschreibstörung ist. Seine Intelligenz lag bei 115. Anhand des IQ kann nach bestimmten Formeln die mindestens zu erwartende Rechtschreibleistung errechnet werden. Liegt die Rechtschreibleistung von Lukas unter diesem Wert (in diesem Beispiel unter Prozentrang 5), dann liegt eine deutlich ausgeprägte Rechtschreibstörung vor. Allerdings ist dieses Kriterium nicht das einzige, das erfüllt sein sollte, um von Rechtschreibstörung zu sprechen.

Anhand der Ausschlusskriterien wird überprüft, ob andere Faktoren dazu geführt haben, dass ein Kind Probleme im Lesen und Rechtschreiben entwickelt hat.

Wenn Lukas in den ersten Grundschuljahren für längere Zeit (z.B. mehr als ein halbes Jahr) die Schule nicht besuchen konnte und seine Lese- und Rechtschreibleistung sich aufgrund dieser Fehlzeit deutlich verschlechtert hat, dann liegt keine Lese-Rechtschreib-Störung vor, sondern eine vorübergehende Lese-Rechtschreib-Schwäche.

Wenn aufgrund erheblicher psychischer Probleme Lukas' allgemeine Lernfähigkeit beeinträchtigt ist und dies auch zu einer deutlichen Verschlechterung der Lese- und Rechtschreibfähigkeit führt, liegt ebenfalls keine Lese-Rechtschreib-Störung vor. In diesem Fall würde Lukas auch Leistungsprobleme in mehreren Fächern und nicht allein im Fach Deutsch – und hier insbesondere im Lesen und Rechtschreiben – entwickeln. Störungen des Nah- und Fernsehens, die sehr häufig sind und durch eine entsprechende Korrektur mit einer Brille ausgeglichen werden, können zu Lukas' Leseschwierigkeiten führen. Aber auch diese Leseschwierigkeiten werden nicht als Legasthenie bezeichnet.

Ein sehr seltener Fall wäre Lukas, wenn er früher problemlos den Anforderungen des Unterrichts genügt und erst danach – z.B. aufgrund einer Hirnverletzung – seine bereits erworbene Lese- und Rechtschreibfähigkeit verloren hätte. In diesem Fall spräche man von Alexie, wenn nur das Lesen, und von Dysgraphie, wenn nur die Schreibmotorik betroffen wäre.

Die Ausschlusskriterien

- Nicht ausreichende kognitive Fähigkeiten
- Kein ausreichender Schulbesuch
- Psychische Erkrankungen, welche die Lernfähigkeit so beeinflussen, dass auch der Erwerb von Lese- und Rechtschreibfähigkeit beeinträchtigt ist
- Okuläre Lesestörung
- Neurologische Erkrankungen wie z.B. eine Hirnverletzung, die zu einem Verlust bereits erworbener Lese- oder Schreibfähigkeit führt

Neben den Begriffen *Legasthenie* und *Lese-Rechtschreib-Störung* werden noch eine Reihe von weiteren Begriffen wie z.B. *Lese- und Rechtschreibschwäche* oder *besondere Schwierigkeiten beim Erlernen des Lesens und Rechtschreibens* verwendet. Diese Begriffe sind jedoch nicht eindeutig definiert, häufig werden sie gleichbedeutend für die Begriffe *Legasthenie* oder *Lese-Rechtschreib-Störung* benutzt. Hier wird deutlich, dass mit der Verwendung eines Begriffs wie z.B. *Lese-Rechtschreib-Schwierigkeiten* oder *Lese-Rechtschreib-Schwäche* nicht klar beschrieben ist, welches Konzept der Störung damit verbunden ist.

Faktoren, die den Lese-Rechtschreib-Erwerb fördern

Die Entwicklung der Legasthenie wird durch verschiedene, einander beeinflussende Faktoren bestimmt. Die folgende Übersicht fasst diese Faktoren zusammen.

Günstige Faktoren

- hohe Intelligenz
- gute Buchstabenkenntnis bei Einschulung
- ausgebildete phonologische Fähigkeiten im Vorschulalter
- gute Lernmotivation
- keine psychischen Störungen (z. B. ADHS)
- lernförderliches und die Persönlichkeit stärkendes schulisches Umfeld
- unterstützendes Elternhaus
- Geschlecht: weiblich

Die einzelnen Faktoren

Erstens: Legasthene Kinder mit hohen kognitiven Fähigkeiten erreichen häufig ein höheres Lese- und Rechtschreibniveau als Legastheniker mit einem niedrigeren intellektuellen Niveau.

Zweitens: Ein unterstützendes Elternhaus ist ein wesentlicher, schützender und fördernder Faktor für das legasthene Kind. Hierbei ist nicht allein wichtig, dass die Erwartungen der Eltern an die Leistungsfähigkeit des Kindes angepasst werden, sondern auch, dass sie ihr Kind emotional unterstützen – unabhängig von dessen individueller Leistungsfähigkeit im Lesen und Schreiben.

Drittens: Der Schule und den Lehrern kommt eine große Bedeutung zu. Ein lernförderliches schulisches Umfeld, das die Persönlichkeit des lernschwachen Kindes akzeptiert, ist ein wichtiger Faktor für eine gute psychosoziale Entwicklung. Im Gegensatz hierzu ist vor allem die Wahrscheinlichkeit, psychische Probleme zu entwickeln, dann erhöht, wenn legasthene Kinder in der Klasse ausgegrenzt werden, einem erhöhten Anforderungsdruck und mangelnder Einfühlsamkeit des Lehrers ausgesetzt werden. Daher ist auch die Integration des legasthenen Kindes in seiner Altergruppe bzw. Klassengemeinschaft wichtig.

Viertens: Einen wesentlichen Einfluss auf die Entwicklung sollte der Faktor Förderung und Therapie haben. Allerdings sind die Ergebnisse wissenschaftlicher Untersuchungen hierzu widersprüchlich. Trotz Förderung ist die Entwicklung im Lesen und Rechtschreiben insgesamt nicht sehr gut. Diese Aussage wird natürlich durch die Auswahl des Förderprogramms beeinflusst. Bei nicht effektiven Methoden kann der Verlauf der Legasthenie sogar negativ beeinflusst werden, da sich die Leistungen der betroffenen Schüler im Verhältnis zum Klassendurchschnitt weiter verschlechtern.

Entwicklung im Lesen und Rechtschreiben

Die Lese- und Rechtschreibentwicklung verläuft vor allem in der ersten Klasse besonders steil.

Wenn ein Kind in den ersten Wochen Leseprobleme hat, sollten Lehrer und Eltern aufmerken, aber noch nicht Alarm schlagen. Sie können in diesem Stadium damit rechnen, dass das Kind seine Probleme mit 30- bis 50-prozentiger Wahrscheinlichkeit bis zum Ende des ersten Schuljahrs bewältigt. Die Wahrscheinlichkeit hängt natürlich davon ab, wie ausgeprägt die Lese- und Rechtschreibprobleme sind.

Wenn aber das Kind in der Mitte bis zum Ende des zweiten Schuljahrs Lese- und Rechtschreibschwierigkeiten hat, bleiben diese Probleme häufig bis zum Ende der Schulzeit bestehen. So zeigte die *Wiener Längsschnittstudie,* dass kaum ein Schüler, der zu Beginn der zweiten Klasse Leseschwierigkeiten aufwies, in der achten Klasse durchschnittliche Leistungen erreichen konnte. Auch amerikanische Studien bestätigen den recht stabilen Verlauf der Entwicklung von Lesefähigkeiten (*Connecticut Längsschnittstudie*).

In der Abbildung auf Seite 34 sehen Sie die Langzeitentwicklung der Leseleistung von amerikanischen Kindern. Drei Gruppen von Kindern, mit niedrigem, mittlerem und hohem Leseniveau, wurden kontinuierlich mit Lesetests untersucht. Die Abbildung zeigt, dass sich alle drei Gruppen entwickeln, dass jedoch Leser, die mit fünf Jahren am schlechtesten abschnitten, auch als Achtzehnjährige nicht das Niveau der guten oder auch nur der durchschnittlichen Leser erreichen konnten. Sie sehen hier, dass Legasthenie nicht nur

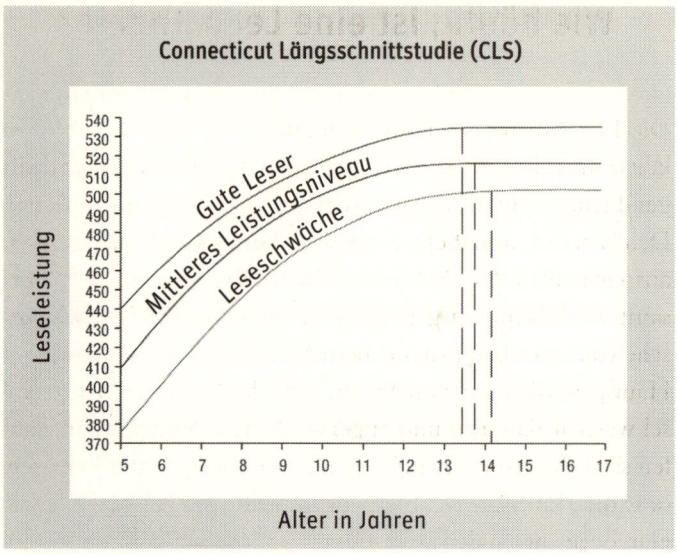

Amerikanische Untersuchung zum Verlauf der Leseleistung vom 5. bis 18. Lebensjahr

eine Entwicklungs*verzögerung* ist, die aufgeholt wird oder »sich auswächst«, sondern dass sie meist einen bis ins Erwachsenenalter bestehen bleibende Entwicklungs*störung* ist. Kennzeichnend für die schlechte Leseentwicklung bis zum 18. Lebensjahr ist die niedrige Lesegeschwindigkeit, hingegen ist die Anzahl an Lesefehlern gering.

Für die Entwicklung der isolierten Rechtschreibstörung liegen kaum Ergebnisse vor. Die *Wiener Längsschnittstudie* zeigt, dass ca. ein Drittel der Kinder mit einer Rechtschreibschwäche den Rückstand im Rechtschreiben aufholt, ein weiteres Drittel behält seine Rechtschreibschwäche, und das letzte Drittel entwickelt zusätzlich eine Leseschwäche.

Wie häufig ist eine Legasthenie?

Die Legasthenie ist eine sehr häufige Störung. Die Häufig-keitszahlen liegen zwischen 3% und 5% der Kinder und Ju-gendlichen. Für das Grundschulalter bedeutet dies, dass in Deutschland annähernd 200 000 Grundschulkinder nicht ausreichend lesen und/oder rechtschreiben können. Insge-samt wird davon ausgegangen, dass ca. drei Millionen Deut-sche von einer Legasthenie betroffen sind.

Häufig wird sogar von bis zu 20% lese- und rechtschreib-schwachen Kindern und Jugendlichen berichtet. Diese Zah-len sind aber zu hoch angesetzt. Das kann auch daran liegen, dass die Häufigkeitszahlen von der Methode abhängen, wie eine Legasthenie definiert und diagnostiziert wird.

Warum sind Jungen öfter betroffen?

Jungen sind häufiger als Mädchen Legastheniker. In älterer Literatur können Sie noch lesen, dass Jungen drei- bis vier-mal häufiger als Mädchen betroffen seien. Dieses Ergebnis konnte allerdings in neueren Untersuchungen nicht bestätigt werden. Aktuell geht man von doppelt so vielen betroffenen Jungen wie Mädchen aus.

Die Gründe für diese Unterschiede sind noch nicht vollstän-dig verstanden. Folgende Annahmen werden diskutiert.

Fünf Erklärungsversuche

Erstens: Jungen werden häufiger auf das Vorliegen einer Leg-asthenie untersucht, da Jungen mit einer Legasthenie eher auch eine Aufmerksamkeitsstörung (ADS, ADHS) haben und deshalb den Unterricht stören. Eine diagnostische Ab-klärung des gestörten Verhaltens wird empfohlen.

Zweitens: Allgemein sind auch heute noch die Erwartungen an die Schulleistungen von Jungen höher. Die meisten Eltern würden eher bei Jungen mit Schulschwierigkeiten dazu nei-gen, die Ursache dieser Schulschwierigkeiten zu beheben, und daher ihr Kind untersuchen lassen. Der IQ ist allerdings unabhängig vom Geschlecht, von daher ergibt sich auch bei Hochbegabten keine andere Häufigkeit von Mädchen und Jungen mit einer Legasthenie.

Drittens: Auch eine biologische Erklärung wird diskutiert. In den achtziger Jahren räumte man der sogenannten Testoste-ron-Hypothese eine große Bedeutung ein und meinte, dass das Testosteron, ein männliches Sexualhormon, sich während der intrauterinen Entwicklung, also im Verlauf der Schwan-gerschaft, negativ auf die sprachrelevanten Hirnregionen des männlichen Fötus auswirke.

Viertens: Genetische Erklärungsmodelle gehen davon aus, dass die genetische Belastung bei Jungen größer als bei Mäd-chen ist. Die genetischen Mechanismen, die diesen Effekt er-klären könnten, sind bisher noch nicht verstanden.

Fünftens: Ein wesentlicher Faktor für die größere Häufigkeit der Legasthenie bei Jungen scheint in der allgemein größeren Sprachkompetenz des weiblichen Geschlechts zu liegen. Der Vergleich der Lese- und Rechtschreibleistung über die gesamte Grundschulzeit zeigt, dass weibliche Schülerinnen im Durchschnitt deutlich besser abschneiden als die Jungen. Die Überlegenheit in den Sprech- und Sprachfähigkeiten des weiblichen Geschlechts könnte sich bereits in der frühen Sprachwahrnehmung zeigen. In diesem Sinne ließe sich die weibliche Sprachkompetenz als schützender Faktor ansehen, der die Entwicklung einer Legasthenie verhindert oder legasthenen Mädchen Möglichkeiten bietet, ihre Schwäche zu kompensieren.

Der lange Weg zur Diagnose: Ist es wirklich Legasthenie?

Bevor mit der Förderung begonnen wird, sollten Sie durch Psychologen oder Kinder- und Jugendpsychiater eine umfassende Diagnostik durchführen lassen. Eine Ausnahme kann dann vorliegen, wenn die Lese- und Rechtschreibschwierigkeit durch die Schule festgestellt wird.

Fallbeispiel Diagnostik: Wann soll ich mich um eine Diagnose bemühen?

In der Mitte der zweiten Klasse werden Lisas Recht-schreibschwierigkeiten so groß, dass Lisas Mutter denkt, sie könne nicht mehr auf eine Veränderung hoffen. Die Lehrerin hat ihr zwar gesagt, sie solle nur noch etwas warten, Lisa sei gut begabt und in nächster Zeit werde sprichwörtlich der Knoten platzen, Lisas Mutter ist aber skeptisch. Trotz allen Übens wird die Rechtschreibung bei Lisa eher schlechter: Außerdem bemerkt sie, dass Lisa nicht mehr so freudig zur Schule geht. Lisas Mut-ter spricht mit ihrer Freundin, deren Kind auch Schul-probleme hat. Ihr Sohn ist allerdings sehr aktiv und un-ruhig. Sie ging zu einem Kinder- und Jugendpsychiater, der eine eingehende Diagnostik durchführte. Die Freun-din weiß, dass der Kinder- und Jugendpsychiater auch Legasthenie-Diagnostik durchführt, und rät Lisas Mut-ter, sich dort einen Termin geben zu lassen.

Es ist nicht leicht und auf keinen Fall schnell festzustellen, ob bei Ihrem Kind eine Legasthenie vorliegt. Eltern müssen Geduld und Hartnäckigkeit aufbringen und auf einer einge-henden Diagnostik bestehen. Fachleute, die ständig mit leg-asthenen Kindern arbeiten, können nach Bewertung aller re-levanten Informationen über Ihr Kind und sein individuelles Umfeld herausarbeiten, ob eine Störung vorliegt und welche Störung es ggf. ist.

Für das legasthene Kind ist die medizinische und psychologi-sche Diagnostik von großer Bedeutung. Erst danach kann aufbauend auf den Ergebnissen der Diagnostik ein Förder- und Behandlungsplan entworfen werden. Es mag sein, dass die Diagnostik Eltern mit dem Ergebnis konfrontiert, bei ihrem Kind liege keine Legasthenie, jedoch eine Lernbehinderung vor. Dann wäre ein anderes Förderkonzept notwendig, das die gesamte Lernentwicklung unterstützt. Oder, was nicht selten vorkommt: Beim Kind besteht außer einer Legasthenie zusätzlich eine große körperliche Unruhe (Hyperaktivität), impulsives Verhalten und ein Aufmerksamkeitsdefizit (ADHS). Diese Verhaltensprobleme sollten durch einen Facharzt für Kinder- und Jugendpsychiatrie und -psychotherapie untersucht werden, damit rechtzeitig festgestellt werden kann, ob eine Störung vorliegt oder nicht. Gerade bei Kindern mit einer Aufmerksamkeitsstörung werden häufig Fehldiagnosen gestellt. Liegen Legasthenie und eine Aufmerksamkeitsdefizit-Hyperaktivitätsstörung zusammen vor, ist das Förderkonzept selbstverständlich anders als bei einem ausschließlich legasthenen Kind, denn: Wenn das legasthene Kind nicht in der Lage ist, sich im Unterricht zu konzentrieren und aufmerksam in den Förderstunden mitzumachen, kann der Effekt der Förderung im Lesen und Rechtschreiben nur gering sein.

Eine angemessene Diagnostik kann Ihrem Kind von keiner einzelnen Fachkraft gestellt werden, sondern Sie werden zu einem Kinder- und Jugendpsychiater und Psychologen gehen, bei Hör- oder Sehstörungen auch zu einem Augenarzt und einem Spezialisten für das kindliche Gehör (Pädaudiologe). Die interdisziplinäre Zusammenarbeit sichert die Diagnose von allen Seiten ab.

Wer stellt die Legasthenie fest?

Die Entscheidung darüber, ob eine Legasthenie vorliegt, hängt nicht selten von der Berufsgruppe ab, die die Diagnostik durchführt.

Leider wird häufig auf die Anwendung standardisierter Lese- und Rechtschreibtests und Intelligenztests verzichtet, und die diagnostische Einschätzung beruht nicht selten auf einer persönlichen Einschätzung der jeweiligen Lehrkraft oder des Therapeuten.

Die medizinische und psychologische Diagnostik stimmen häufiger in ihrem diagnostischen Vorgehen überein. Die von der Weltgesundheitsorganisation (WHO) empfohlenen und in dem Klassifikationsschema für psychische Störungen (ICD–10) enthaltenen diagnostischen Empfehlungen werden von beiden Berufsgruppen angewandt.

Unter den Medizinern ist es die Berufsgruppe der Kinder- und Jugendpsychiater und -psychotherapeuten, unter den Psychologen die Kinder- und Jugendlichen-Psychotherapeuten, die im Rahmen ihrer Ausbildung die Diagnostik der Legasthenie erlernen.

Unterschiedliche Ergebnisse – kein Wunder

Dass unterschiedliche diagnostische Vorgehensweisen zu unterschiedlichen Ergebnissen führen, wundert daher kaum. Wenn man das Lehrerurteil hinsichtlich der Lese- und Rechtschreibfähigkeit eines Kindes mit der Lese- und Rechtschreibleistung in einem standardisierten Test vergleicht, so ist die Übereinstimmung durchschnittlich nicht größer als 20–30%. D.h., dass das Lehrerurteil über die Lese- und Rechtschreibleistung eines Kindes nur in geringem Maß mit der tatsächlichen Lese- und Rechtschreibleistung, wie sie im Test gemessen wurde, zusammenhängt.

Dies führt erwartungsgemäß zu Widersprüchen zwischen dem Lehrerurteil und z.B. einem Fachgutachten. Gerade für Eltern sind solche fehlenden Übereinstimmungen nicht zu verstehen. Letztendlich wirken sich solche Abweichungen oft auch negativ für das legasthene Kind aus. Dazu das folgende Fallbeispiel.

Fallbeispiel: Einschätzung der Lese- und Rechtschreibleistung durch die Lehrerin

Maria besucht die dritte Klasse der Grundschule. Ihrer Mutter fällt seit längerer Zeit auf, dass Maria erhebliche Schwierigkeiten beim Schreiben von Wörtern hat. Marias Mutter hat seit einem Jahr intensiv mit Maria geübt, ihr täglich Lernwörter diktiert und mit ihr gelesen. Allerdings hat Maria immer weniger Lust zum Üben mit der Mutter, und die Schule macht ihr auch weniger Spaß als damals im ersten Schuljahr. Marias Mutter bekommt über eine Freundin den Tipp, Maria testen zu lassen. Nachdem Maria in einer kinder- und jugendpsychiatrischen Praxis eingehend untersucht worden ist, teilt man Marias Mutter mit, dass ihre Tochter eine ausgeprägte Legasthenie habe.

Daraufhin nimmt Marias Mutter mit der Deutschlehrerin Kontakt auf. Sie erklärt der Lehrerin ihre Beob-

achtungen zu Hause und das Ergebnis der Untersu-
chung beim Kinder- und Jugendpsychiater. Die Klas-
senlehrerin reagiert erstaunt und verärgert zugleich,
da sie erstens die Leistungen von Maria im Lesen und
Rechtschreiben als nicht so schlecht beurteilt und die
Mutter sich zweitens nicht zuerst bei ihr, der Lehrerin,
gemeldet hatte, um mit ihr über Marias Schulleistun-
gen zu sprechen. Marias Mutter ist wiederum verär-
gert über die Lehrerin, da sie der Meinung ist, dass die
Lehrerin Marias Legasthenie längst hätte bemerken
und die Eltern informieren müssen.
Wie kommen nun diese Unterschiede in der Einschät-
zung zustande?
Ein Grund könnte sein, dass das Niveau der Lese- und
Rechtschreibfähigkeit in der gesamten Klasse nicht
sehr hoch ist und daher die schwachen Leistungen von
Maria im Vergleich zum Rest der Klasse nicht beson-
ders schlecht sind.
Ein anderer Grund könnte sein, dass die Lehrerin bis-
her die Leistungen in Rechtschreibung noch nicht be-
wertet hat und weniger Wert auf die schriftlichen
Leistungen legte.
Entscheidend für Marias Zukunft ist der Austausch
aller, die an der Diagnostik beteiligt sind. In diesem
Fall wäre es sinnvoll gewesen, wenn der Kinder- und
Jugendpsychiater die Lehrerinformation in seine Dia-
gnostik integriert hätte. Wenn er die Beurteilung der
Deutschlehrerin gekannt hätte, wären die unter-
schiedlichen Sichtweisen eher aufgefallen, und die

Unterschiede hätten sich früh klären lassen. Ebenfalls wäre es hilfreich gewesen, wenn die Lehrkraft Kontakt zum Kinder- und Jugendpsychiater gesucht hätte, um zu helfen, die unterschiedlichen Beurteilungen zu erklären.

Wann kann ein Risiko für eine Legasthenie festgestellt werden?

Mit den neuen Test- und Untersuchungsmethoden lässt sich bereits vor Schulbeginn herausfinden, welche Kinder Risiko laufen, eine Legasthenie zu entwickeln (siehe S. 47–55). Wenn ein solches Risiko bei Ihrem Kind anhand der Ergebnisse von Tests festgestellt wurde, sollte es genau in seiner Schriftsprachentwicklung beobachtet und ihm bereits frühzeitig Hilfen angeboten werden.

Da sich die Lese- und Rechtschreibfähigkeiten – abhängig vom Unterricht und den individuellen Möglichkeiten des Kindes – vor allem in den ersten beiden Schuljahren entwickeln, ist oft erst zum Ende der zweiten Klasse eine sichere Diagnose zu stellen.

Früherkennung von Lese- und Rechtschreib-Schwierigkeiten

Um legasthenen Kindern möglichst frühzeitig zu helfen, ist eine Frühdiagnostik dringend zu empfehlen. Dafür sind erforderlich:

- eine eingehende Verhaltensbeobachtung
- die Erhebung der Entwicklungsgeschichte des Kindes
- die Kenntnis der Familiengeschichte
- standardisiertes und normiertes Testverfahren

Wie oft sollte ein Kind getestet werden?

Wenn bei einem Kind die Verdachtsdiagnose einer Legasthenie bereits in der ersten Klasse gestellt wird, sollte die Testuntersuchung am Ende der zweiten Klasse wiederholt werden. Das ist empfehlenswert, weil die individuelle Entwicklung der Kinder in den ersten beiden Grundschulklassen noch recht unterschiedlich verläuft. Es kann durchaus sein, dass ein Kind zum Ende der ersten Klasse deutliche Schwierigkeiten bei der Rechtschreibung hat und im Rechtschreibtest auch eine unterdurchschnittliche Leistung aufweist. Zum Ende der zweiten Klasse aber sind die Leistungen desselben Kindes im Rechtschreiben vielleicht durchschnittlich, so dass die Diagnose einer Rechtschreibstörung nicht gerechtfertigt ist.

Wie kommt es zu einer solchen Veränderung? Neben der individuellen Entwicklung des Kindes kann auch die Unterrichtsmethodik eine Rolle spielen. Bei manchen Unterrichtsmethoden ist es möglich, dass einzelne Kinder mit gerade diesem Erstlese- und Schreiblehrgang weniger gut zurechtkommen und mehr Zeit benötigen, das Lesen und Rechtschreiben zu erlernen.

Auch im Verlauf der Legasthenie-Förderung ist eine Wiederholung der Lese- und Rechtschreibtests sinnvoll. Nach einem Jahr und in den folgenden Jahren kann der Lernfortschritt mit standardisierten Lese- und Rechtschreibtests (siehe S. 61–64) gut festgestellt werden.

Wenn die Intelligenz bereits zur Eingangsdiagnostik gemessen wurde (siehe S. 66 f.), kann bei weiteren Untersuchungen darauf verzichtet werden, da der IQ recht stabil ist und eine wesentliche Veränderung des IQs nicht zu erwarten ist. Dies gilt allerdings nur, wenn die Intelligenz mit einem umfangreichen Testverfahren überprüft wurde, wie z. B. den *Wechsler-Tests* (*HAWIK–IV* und *HAWIVA–III*).

Risikofaktoren in der vorschulischen Entwicklung

Welche Faktoren früh auf eine Legasthenie hinweisen, ist z. T. noch umstritten. Es gibt eine Reihe von Annahmen – z. B., dass legasthene Kinder in ihrer motorischen Entwicklung gestört sind –, die bisher aber nicht bestätigt wurden.

In Finnland und in Holland werden zurzeit in zwei Längsschnittstudien Kinder von der Geburt an in regelmäßigen Ab-

ständen untersucht, um festzustellen, welche Entwicklungsschritte legasthenen Kindern besondere Probleme bereiten.
Zu den wesentlichen Risikofaktoren gehören Auffälligkeiten
in der Sprech- und Sprachentwicklung. Diese Auffälligkeiten sind in der Tabelle unten zusammengefasst.

Vorschulische Risikofaktoren für die Entwicklung einer Legasthenie

- verspäteter Sprechbeginn
- geringer Wortschatz
- wenig komplexe Äußerungen (geringe Satzlänge im Alter von zwei Jahren)
- Artikulations- bzw. Aussprachefehler
- Schwierigkeiten bei der Lautunterscheidung
- Schwierigkeiten, Reime zu bilden
- Schwierigkeiten, Silben zu klatschen
- Schwierigkeiten, Wörter und Texte im Gedächtnis zu behalten
- Desinteresse an Sprach- und Singspielen

Wenn bei Ihrem Kind einer dieser Risikofaktoren oder gar
mehrere vorliegen, ist es sinnvoll, ein vorschulisches Screening durchzuführen. Screeningverfahren haben das Ziel, anhand standardisierter Methoden das Risiko zu bestimmen, ob
ein Kind eine Legasthenie entwickeln wird. Dies bedeutet
aber auch: Mit Hilfe eines solchen Verfahrens kann *keine*

49

Diagnose gestellt werden. Da es sich um die Abschätzung eines Risikos handelt, kann ein Screening lediglich die Wahrscheinlichkeit vorhersagen, mit der ein Kind Schwierigkeiten im Lesen und/oder Rechtschreiben haben wird. Da die Screeningverfahren nicht ganz genau das Risiko bestimmen können, ist es möglich, dass Kinder auch fälschlich als Risiko- bzw. als Nicht-Risikokinder bezeichnet werden.

Test im Kindergarten

Es gibt ein Testverfahren, das in den letzten Jahren entwickelt wurde und das zufriedenstellend die Wahrscheinlichkeit der Entwicklung von Schwierigkeiten im Lesen und Rechtschreiben am Ende der zweiten Klasse vorhersagen kann: das *Bielefelder Screening zur Früherkennung von Lese- und Rechtschreibschwierigkeiten (BISC)*. Es erfasst verschiedene Fähigkeiten des Vorschulkindes, die als wesentliche Voraussetzungen für den Schriftspracherwerb betrachtet werden. Hierzu gehören die Fähigkeiten,

- Reime, Silben und Laute zu erkennen,
- Wörter im Gedächtnis zu speichern und abzurufen,
- Bilder und Farben zu erkennen und schnell aufzusagen und
- Wörter zu vergleichen.

Dieser Test dauert in der Regel 20 bis 30 Minuten und wird einzeln mit dem Kind durchgeführt. Das Ergebnis ist eine

Klassifikation in *Risiko vorhanden* oder *nicht vorhanden*. Wenn ein Risiko vorhanden ist, sollten Sie sich nach einem Frühförderprogramm umsehen, das bei Ihrem Kind vor allem die Fähigkeiten fördert, die im Screeningverfahren als zu schwach ausgebildet gefunden wurden (siehe S. 231–233).

Fallbeispiel Diagnostik: Vorschulisches Screening

Lisas Mutter macht sich, nachdem bei Lisa eine Legasthenie festgestellt wurde, über die Entwicklung ihres fünfjährigen Sohnes Thomas Sorgen. Thomas hat verspätet begonnen zu sprechen und zeigt wenig Interesse an Büchern. Ihre Freundin hat ihr zwar gesagt, dass dieses Verhalten typisch für Jungen sei und sie sich nicht sorgen müsse, trotzdem ist Lisas Mutter beunruhigt. Zunächst fragt sie im Kindergarten nach, ob die Erzieherinnen etwas Besonderes bei Thomas beobachtet hätten. Die Erzieherin berichtet jedoch, Thomas sei ein aufgewecktes und sehr lebhaftes Kind, nicht weiter auffällig. Die Mutter solle sich nicht weiter sorgen und erst einmal abwarten, bis Thomas in die Schule kommt.

Um eine weitere Meinung einzuholen, ruft Lisas Mutter wieder in der psychologischen Beratungsstelle an und erkundigt sich. Dort erhält sie die Auskunft, dass Thomas dort untersucht werden könne. Zum vereinbarten Termin an einem Vormittag gehen Thomas und seine Mutter zu der Psychologin. Zunächst spielt sie mit Thomas. Dann erkundigt sie sich bei der Mutter nach seiner Entwicklung, insbesondere nach der Sprachentwicklung.

Anschließend holt die Psychologin einen Karton mit verschiedenen Tests. Auch einen CD-Spieler setzt sie ein. Thomas' Mutter kann bei der ganzen Untersuchung dabeibleiben, da Thomas etwas ängstlich ist. So kann sie auch gleich sehen, welche Tests mit Thomas gemacht werden. Nach einer halben Stunde sind alle Tests durchgeführt.

Die Psychologin bittet nun Thomas und seine Mutter, ein wenig zu warten, damit sie die Tests gleich auswerten kann. In dem anschließenden Beratungsgespräch teilt sie der Mutter mit, dass bei Thomas ein Risiko für eine Legasthenie bestehe. Die Psychologin rät zu einem vorschulischen Training, das die Voraussetzungen für das Lesen und Rechtschreiben in der Schule deutlich verbessern soll.

Spezifische Auffälligkeiten beim Lesen im ersten Schuljahr

Die Früherkennung ist nicht auf die Kindergartenzeit und die Vorschule beschränkt. Auch zu Beginn und in den ersten Monaten des Schulbesuchs können aus dem Verhalten des Kindes beim Erlernen des Lesens und Rechtschreibens Schlüsse auf den weiteren Verlauf der Schriftsprachentwicklung gezogen werden.

Weitere Faktoren werden für die Vorhersage einer Legasthenie bedeutsam: die Buchstabenkenntnis und die Fähigkeit zur Buchstaben-Laut-Zuordnung.

Kinder mit einer Leseschwäche haben überzufällig häufig bereits nach drei Monaten Unterricht Schwierigkeiten, die bereits gelernten Buchstaben richtig zu benennen, den Buchstaben die entsprechenden Laute zuzuordnen und die häufig gelesenen Wörter fehlerfrei zu erkennen. Zum Ende des ersten Schuljahres zeigen sich vor allem bei neuen Wörtern und beim Lesen von Wörtern ohne Sinn die Leseschwierigkeiten deutlich.

Leseschwache Kinder sprechen häufig die einzelnen Laute aus, sagen also z.B. *m-a-m-a*. Das Zusammenschleifen von Lauten gelingt nicht.

Die Lesegeschwindigkeit ist sehr niedrig.

Spontanes Lesen ist eher selten, das Lesen erfolgt zögerlich, einzelne Laute werden zwar in richtiger Reihenfolge gesagt, bleiben jedoch häufig unverbunden.

Das Kind macht Fortschritte, aber es holt nicht auf

Bis zum Ende des ersten Schuljahrs verändert sich diese Entwicklung in der Weise, dass auch die Leseschwachen das Zusammenschleifen der Laute gelernt haben und sinnvolle Wörter mit wenigen Buchstaben lesen können. Allerdings ist die Lesegeschwindigkeit deutlich beeinträchtigt und die Fehlerrate recht hoch.

Jetzt tritt zutage, dass ihr Leseverständnis beeinträchtigt ist. Leseschwache Kinder beschäftigen sich, weil sie langsamer lesen, eher mit der Bedeutung einzelner Wörter als mit dem übergeordneten Satz- bzw. Aussageverständnis. So kommen sie ins Hintertreffen, je später über den Inhalt von Texten gesprochen wird.

Spezifische Auffälligkeiten beim Rechtschreiben im ersten Schuljahr

Die alte Regel, ein Wort zehnmal richtig zu schreiben, nützt einem legasthenen Kind nichts, denn Schüler mit einer Rechtschreibstörung können aus dem wiederholten Sehen der einzelnen Wörter wenig profitieren. Es fällt ihnen trotz des mehrmaligen Lesens schwer, die konkrete Verschriftlichung eines Wortes zu behalten. Oft schreiben sie ausschließlich unvollständige Wörter, zum Teil nur Wortruinen. Eine lautgetreue Schreibweise noch in der dritten Klasse ist häufig. Den legasthenen Kindern fällt eine orthographisch richtige Verschriftlichung sehr schwer. (Vielleicht werfen Sie noch einmal einen Blick auf die Abbildungen auf den Seiten 16 und 65).

Besondere Probleme bestehen beim Schreiben von Konsonanten und Konsonantenfolgen (z. B. *Tr* in *Treppe*), die lautlich schwierig zu trennen sind, beim Schreiben von Plosivlauten (z. B. *p, t, k*) und beim Schreiben von Konsonanten nach Vokalen im Wortstamm (z. B. langer Vokal mit einem nachfolgenden Konsonanten: *Name*; kurzer Vokal mit zwei nachfolgenden Konsonanten: *Wasser*).

Mögliche Folgen

Bis zum Ende der ersten Klasse erlernen die legasthenen Kinder zunehmend die lautgetreue Rechtschreibung. Die orthographisch richtige Schreibweise der Wörter bleibt aber bis ins Erwachsenenalter häufig ein zentrales Problem (siehe S. 104–109).

Eine weitere Auffälligkeit ist, dass rechtschreibschwache Kinder häufig vermeiden zu schreiben. Sie suchen selbst kaum Anlässe zum Schreiben. Bei schriftlichen Anforderungen ist die Textmenge häufig gering. Es ist ja auch kein Wunder, dass ein legasthenes Kind, auch wenn es mündlich redegewandt ist, sich beim Schreiben möglichst kurz fasst, um nicht weiter bei jedem Wort über die Rechtschreibung nachdenken zu müssen. Diese Schreibvermeidung nimmt im Laufe der Entwicklung zu, wenn keine Förderung erfolgt.

Fallbeispiel Diagnostik: Wohin wende ich mich?

Lisas Mutter hatte von ihrer Freundin den Rat bekommen, bei einem im Ort praktizierenden Kinder- und Jugendpsychiater um einen Termin anzufragen. Lisas Mutter hatte aber auch gehört, dass in der Erziehungsberatungsstelle der Stadt Legasthenie-Diagnostik angeboten wird. Als Lisas Mutter einen Termin ausmachen will, ist sie entsetzt. Überall, wo sie nachfragt, bestehen bis zu einem halben Jahr Wartezeiten. Schließlich bekommt sie einen Termin in einer psychologischen Beratungsstelle.

Zum Ersttermin wird Lisas Mutter gebeten, zusammen mit ihrer Tochter morgens früh zu kommen. In der Beratungsstelle werden sie von einer Psychologin begrüßt, die sie während des ganzen Vormittags begleitet. Sie führt zunächst ein Gespräch mit Lisa und ihrer Mutter und erklärt den Untersuchungsablauf. Die Untersuchung wird mit Pausen mehrere Stunden dauern. Nach dem Gespräch folgt die Einzeluntersuchung.

Psychologische Diagnostik

Psychologische Diagnostik wird häufig im Rahmen der kinder- und jugendpsychiatrischen Diagnostik in der Facharztpraxis angeboten, ebenso von Schulpsychologen oder auch von Psychologen, die in psychologischen Beratungsstellen oder Erziehungsberatungsstellen tätig sind. Ihr Kind wird dort mehrere Tests durchlaufen. Hierzu gehören die standardisierten Lese- und Rechtschreibtests und ein Intelligenztest sowie Verfahren, die die emotionale Befindlichkeit und das Verhalten des Kindes messen.

Fallbeispiel Diagnostik: Was muss ich tun bei der Testuntersuchung?

Lisa hat schon vor dem Termin bei der Psychologin schlecht geschlafen. Sie fragt sich, was alles auf sie zukommt. Lisa ist etwas beruhigt, nachdem die Psychologin ihr erklärt hat, welche Tests sie mit ihr durchführen wird: einen Lese- und einen Rechtschreibtest und einen Intelligenztest.

Die Psychologin erklärt Lisa, dass sie beim Rechtschreibtest einzelne Wörter, so gut wie sie kann, in ein Heft schreiben soll. In dem Heft würden Sätze stehen, in denen Lücken gelassen wurden, um das fehlende Wort dort einzutragen. Dazu benötige Lisa einen Bleistift und einen Radiergummi. Nach ungefähr 20 Minuten hat Lisa alle Wörter eingetragen. Nun darf sie noch einmal alles kontrollieren, was sie geschrieben

*hat. Besonders soll sie beim Durchsehen auf die Groß-
und Kleinschreibung und die Umlautzeichen achten.
Als Nächstes soll Lisa den Lesetest durchführen. Dazu
gibt ihr die Psychologin ein Heft, holt ihre Stoppuhr
und legt den Protokollbogen vor sich. Lisa hat die
Aufgabe, zunächst einfache, kurze Wörter laut vorzulesen. Dabei kommt es darauf an, die Wörter möglichst richtig und schnell vorzulesen. Das wird zunächst an einzelnen Beispielen geübt. Dann fragt die
Psychologin Lisa, ob sie alles verstanden habe, und
schon geht es los. Jetzt soll Lisa zusammengesetzte
Wörter laut vorlesen, anschließend einen kurzen Text.
Jetzt kommen, so erklärt die Psychologin, Aufgaben
mit Wörtern in einer Indianersprache. Diese Wörter
hat Lisa zuvor nicht gesehen. Und wieder soll sie diese
Wörter möglichst schnell und richtig laut vorlesen.
Nach ungefähr 15 Minuten hat es Lisa geschafft, die
Psychologin lobt Lisa für ihre Ausdauer.
Jetzt hat Lisa eine Pause. Die Psychologin fragt sie, ob
sie mit ihr ein Spiel spielen will. Nach dieser Erho-
lungspause soll Lisa noch einen Intelligenztest durchführen. Die Psychologin legt Lisa ein Aufgabenheft
vor. Nachdem die erste Aufgabe erklärt wurde, übt
Lisa an einzelnen Beispielen, ob sie die Aufgabe richtig verstanden hat. Nun geht es los. In nur wenigen
Minuten soll Lisa die erste Aufgabe bearbeiten. Dazu
hat sie einen Bleistift in der Hand, um die richtigen
Lösungen auf einem Antwortblatt anzustreichen. Zunächst findet Lisa die Aufgaben sehr leicht. Aber schon*

*bald merkt sie, dass innerhalb eines Teiltests die Auf-
gaben immer schwieriger werden.*

*Nachdem Lisa alle vier Teile des Intelligenztests hin-
ter sich hat, ist die Untersuchung für heute zu Ende.
Die Psychologin erklärt ihr, dass sie ein wenig Zeit
brauche, um die Tests auszuwerten. Außerdem sei
auch für eine weitere Untersuchung ein zweiter Termin notwendig. An diesem Tag müsse Lisa aber nicht
mehr schreiben, worüber diese sehr froh ist.*

Standardisierung bedeutet, dass die psychologischen Tests
nach bestimmten Kriterien entwickelt und überprüft wurden. Besonders wichtig ist dafür die Feststellung dessen, was
als »normal« anzusehen ist, d. h. eine Normierung des Tests
an einer ausreichend großen Schülerstichprobe, die in verschiedenen Regionen in Deutschland untersucht wurde. Die
Normierung eines Tests stellt dem Psychologen Vergleichs-
daten von Kindern der gleichen Klassenstufe zur Verfügung,
damit die Ergebnisse eines einzelnen Kindes mit einer repräsentativen Stichprobe verglichen werden können.

Im Einzelfall bedeutet dieses Vorgehen, dass die Rechtschreibleistung von Max, der 20 Fehler im Rechtschreibtest
gemacht hat, im Vergleich zum Bundesdurchschnitt eine
durchschnittliche Leistung ist. Möglicherweise sind seine
Leistungen – bezogen auf seine Klasse – aber überdurchschnittlich, da das Rechtschreibniveau in seiner Klasse insgesamt recht niedrig ist. Warum das Rechtschreibniveau in seiner Klasse im Vergleich zum Bundesdurchschnitt so gering
ist, ist damit natürlich nicht beantwortet. Für die Einordnung

von Max' aktueller Rechtschreibleistung ist es aber wichtig zu wissen, wie seine Leistungen nicht allein in Bezug auf seine Klasse sind. Nehmen wir an, Max würde die Schule wechseln und in eine Klasse kommen, in der das Rechtschreibniveau deutlich höher ist als in seiner alten Klasse. Dann wären Max' Leistungen im Rechtschreibtest im Vergleich zum Bundesdurchschnitt unverändert, aber im Vergleich zu seiner neuen, jetzt besuchten Klasse deutlich unterdurchschnittlich.

Dieses Beispiel verdeutlicht, warum die Bewertung der Testleistung im Lesen und Rechtschreiben auch immer in Bezug zur Leistung im Bundesdurchschnitt durchgeführt wird. Die Normierung der Tests sollte nicht älter als zehn Jahre sein, da sie sonst nicht mehr gültig sind und nicht mehr angewandt werden sollten. Dies trifft auch für den Intelligenztest zu.

Die Diagnostik sollte mit dem Kind möglichst einzeln und am Vormittag durchgeführt werden, wenn die Konzentration und Ausdauer am größten sind. Meistens werden dafür zwei Vormittage benötigt; bei besonders unruhigen Kindern ist es aber sinnvoll, die Diagnostik auf mehrere, kürzere Termine zu verteilen. Der Psychologe wird die Testergebnisse mit Ihnen und Ihrem Kind besprechen, ohne einzelne, konkrete Testaufgaben im Detail zu erklären. Das darf Sie nicht wundern: Das gemeinsame Besprechen der Falschschreibung von Wörtern eines Rechtschreibtests kann dazu führen, dass die Kinder mit dem spezifischen Material des Tests zu vertraut sind und eine Wiederholungsmessung, die häufig notwendig ist, keine gültigen Ergebnisse mehr hat.

Auf Seite 62 werden die einzelnen Tests in einer Übersicht dargestellt.

Überprüfung der Leseleistung

Die Lesefähigkeit beinhaltet die Lesegeschwindigkeit und das Leseverständnis. Beide Aspekte sind von großer Bedeutung für das Lesenlernen. Kinder mit einer Legasthenie leiden nicht selten an einer Lesestörung, die sich bis ins Erwachsenenalter in einem deutlich verlangsamten Lesetempo zeigt. Die herabgesetzte Lesegeschwindigkeit wirkt sich meist auf das Verstehen des Gelesenen im Satz aus. Bevor die Kinder mit vielen Bemühungen das Satzende erreicht haben, sind der Anfang des Satzes und seine Bedeutung schon wieder vergessen.

Der *Salzburger Lesetest* erfordert das laute Lesen von häufigen Wörtern, zusammengesetzten Wörtern, Texten und Pseudowörtern. Die Pseudowörter sind unterteilt in wortähnliche und wortunähnliche. Wortähnliche Pseudowörter wurden durch den Austausch von einzelnen Buchstaben aus bereits vorkommenden Wörtern gebildet (z. B. *Natze* aus *Katze*). Alle Pseudowörter können nur durch die richtige Zuordnung der Buchstaben zu Lauten gelesen werden, nicht über das Wiedererkennen eines Wortbildes. Der Test misst Lesefehler und Lesezeit. Das Kind bekommt ein Testheft und soll möglichst schnell und fehlerlos die Wörter und Texte vorlesen. Die Normierung beruht im Wesentlichen auf der Lesegeschwindigkeit.

Die *Würzburger Leise Leseprobe* sowie die *Salzburger Lese-Screenings* sind sehr schnell durchführbare Screeninginstrumente für die Schule, d. h. orientierende Verfahren, um einen ersten Eindruck über die Leseleistung einer Klasse und der einzelnen Schüler zu bekommen.

Empfohlene Lesetests	
Würzburger Leise Leseprobe (WLLP)	Jeweils die letzten zwei Monate des ersten bis vierten Schuljahres
Salzburger Lesetest (SLRT) Salzburger Lese-Screening (SLS 1–4)	Mitte der zweiten bis vierten Klasse Anfang zweite Klasse und jeweils Mitte und Ende zweite bis vierte Klasse
Ein Leseverständnistest für Erst- bis Sechstklässler (ELFE 1-6)	Jeweils die letzten zwei Monate der ersten bis sechsten Klasse; zweite bis sechste Klasse auch Schuljahres-mitte
Salzburger Lese-Screening für die Klassenstufen 5 bis 8 (SLS 5–8)	Jeweils Ende fünfte bis achte Klasse
Lesegeschwindigkeits- und -verständnistest für die Klassenstufen 6 bis 12 (LGVT 6–12)	Sechste bis neunte Klasse (alle Schul-formen), zehnte Klasse Realschule so-wie zehnte und elfte Klasse Gymnasium; zweite Schuljahreshälfte empfohlen
Frankfurter Leseverständnistest für 5. und 6. Klassen (FLVT 5-6)	Jeweils zweites Halbjahr der fünften und sechsten Klasse

Der *Züricher Lesetest* (ZLT) mit dem Zusatztest *Züricher Leseverständnistest für das 4. und 6. Schuljahr* (ZLVT 4–6) ist nicht ausreichend normiert und daher nicht mehr zu empfehlen. Die Normen des *Hamburger Lesetest für 3. und 4. Klassen* (HAMLET 3–4) und der *Knuspels Leseaufgaben* sind ebenfalls ver-altet und daher nicht mehr zu empfehlen.

Um das Leseverständnis zu überprüfen, ist der *Leseverständnistest für Erst- bis Sechstklässler* ein zuverlässiges Testverfah-ren. Wort, Satz und Textverständnis werden sowohl hinsichtlich der Lesegeschwindigkeit als auch hinsichtlich des Verständnisses des Gelesenen überprüft. Mittlerweile liegen Testverfahren auch für die weiterführenden Schulen vor.

Empfehlenswert ist ferner die Überprüfung der Buchstabenkenntnisse in der ersten Klasse, da die Buchstabenkenntnis zu Beginn der ersten Klasse eine sehr gute Vorhersage über den Schriftspracherwerb ermöglicht. Hierzu liegt aber kein standardisiertes Testverfahren vor.

Die Lesetests sind zu unterschiedlichen Zeitpunkten normiert worden. Dies bedeutet, dass nur zu einem bestimmten Zeitpunkt im Schuljahr der Test sinnvoll angewendet werden kann, weil nur dann der Vergleich des getesteten Kindes mit der Vergleichsgruppe zulässig ist. Daher finden Sie in den Übersichten auf Seite 62 und 64 die verschiedenen Lese-Rechtschreib-Tests nach dem Zeitpunkt, zu dem die Testnormen gültig sind, getrennt dargestellt.

Überprüfung der Rechtschreibleistung

Die Rechtschreibleistung wird meist anhand eines Lückendiktats überprüft. Hierzu wird dem Kind ein Satz vorgelesen, in dem ein oder mehrere Wörter fehlen. In einem Testheft sind an entsprechender Stelle Lücken vorgesehen. Nach Abschluss des Lückendiktats wird die Anzahl der Fehler (maximal ein Fehler pro Wort) gezählt. Diese Zahl wird in der Normtabelle mit der Leistung der Kinder verglichen, die zuvor zur Normierung des Tests untersucht wurden. Anhand dieses Vergleichs wird ein Prozentrang der Rechtschreibleistung ermittelt. Der Wert kann zwischen 0 und 100% liegen. Ein Prozentrang von 15 bedeutet, dass 15% der Kinder ebenso viele oder mehr Fehler machen.

Empfohlene Rechtschreibtests	
Weingartener Grundwortschatz Rechtschreib-Test für 1. und 2. Klassen (WRT 1+)	Ende des ersten oder Anfang des zweiten Schuljahrs
Deutscher Rechtschreibtest für das erste und zweite Schuljahr (DERET 1–2+)	Letzten Monate der ersten bzw. zweiten Klasse; ersten zwei Monate der zweiten bzw. dritten Klasse
Weingartener Grundwortschatz Rechtschreib-Test für 2. und 3. Klassen (WRT 2+)	Ende des zweiten bis Mitte des dritten Schuljahrs
Weingartener Grundwortschatz Rechtschreib-Test für 3. und 4. Klassen (WRT 3+)	Ende des dritten oder Anfang des vierten Schuljahrs
Deutscher Rechtschreibtest für das dritte und vierte Schuljahr (DERET 3–4+)	Letzten zwei Monate der dritten bzw. vierten Klasse; ersten zwei Monate der vierten bzw. fünften Klasse
Rechtschreibtest für 4. bis 7. Klassen (RST 4–7)	Jeweils Oktober bis Dezember und Mai bis Juli; vierte bis siebte Klasse
Hamburger Schreibprobe (HSP 5–9)	Ende des fünften Schuljahrs bis neunte Klasse
Rechtschreibungstests (R–T)	Personen zwischen 15 und 30 Jahren

Die *Diagnostischen Rechtschreibtests für 1.–5. Klassen* (DET 1–5) sind trotz Neuauflage veraltet, da die Normierung länger als zehn Jahre zurückliegt.

WRT 4/5

1 Die Hälfte von vierzig ist _zwanzich_ . ☐ ||

2 Die Kühe stehen im _Stahl_ . ☐ ||

3 Statt ›vor ein paar Tagen‹ kann man auch _kürlich_ sagen. ☐ ||

4 Schafe haben _folliges_ Fell. ☐ |

5 Im Herbst werden die Bäume _kahl_ . ☒

6 Der _Hohrozont_ ist die Grenzlinie zwischen Himmel und Erde. ☐

7 Die _Magnettafel_ muß aus Eisenblech sein. ☒

8 Der _Zahnartst_ untersucht das Gebiß. ☐ |

9 Ich muß jetzt _schleunigs_ heim. ☐ |

10 Das neue Spiel _gefällt_ mir gut. ☐ ||

11 Roggen und Weizen sind _Getreite_ . ☐ |

12 Der _Omlibus_ hält an der Haltestelle. ☐ ||

13 Die _Logomutife_ zieht den Zug. ☐ |||

14 Der Fahrer tankt 20 _Lieter_ Benzin. ☐ |

15 Kann jemand diesen Zehnmarkschein _fagseln_ ? ☐ ||

16 Bei schönem Wetter spielen die Kinder gern _draussen_ . ☐ |

17 Er rutscht _unruhich_ hin und her. ☐ |

RW, [2] 24

Rechtschreibtest eines Viertklässlers

Intelligenztests

Die Überprüfung der Intelligenz im Rahmen der Legastheniediagnostik wird immer wieder kontrovers diskutiert. Aber erstens kann man mit ihrer Hilfe die Begabungsprofile eines Kindes erfassen und eine allgemeine Lernschwäche von einer Legasthenie unterscheiden. Zweitens ist es für die Konzeption und Durchführung der Förderung wichtig, die kognitiven Fähigkeiten eines Kindes zu berücksichtigen. Kinder mit einer im unterdurchschnittlichen Bereich liegenden Intelligenz sind möglicherweise mit einzelnen, eher kognitiv orientierten Förderkonzepten überfordert. Deshalb sollte eine Intelligenzdiagnostik im Rahmen der Legastheniediagnostik durchgeführt werden.

Es gibt zahlreiche Testverfahren zur Messung der Intelligenz, und sie unterscheiden sich z. T. erheblich. Als ein Screeninginstrument gilt der *Culture Fair Intelligenztest* (CFT). Der CFT wird in zwei Formen eingesetzt: einer Form für die jüngeren Kinder (5,3–9,5 Jahre, *Grundintelligenztest Skala 1*, CFT 1) und einer Form für Personen ab dem 9. Lebensjahr (8,7–70 Jahre, *Grundintelligenztest Skala 2*, CFT 20-R). Da dieser Test Normen auch für Erwachsene hat, wird er häufig bei erwachsenen Legasthenikern eingesetzt. Der CFT ist ein sprachfreies Verfahren, da die zu bearbeitenden Testaufgaben keine mündliche Antwort des Kindes erfordern. Sprachfreie Tests werden zur Legastheniediagnostik bevorzugt, weil bei diesem Verfahren legasthene Kinder nicht benachteiligt sind.

Wesentlich umfangreicher sind der *Hannover-Wechsler-Intelligenztest für das Vorschulalter – (HAWIVA-III* und der *Ham-*

burg-Wechsler-Intelligenztest für Kinder (HAWIK-IV). Beide Intelligenztests überprüfen sowohl verbale als auch handlungsorientierte Kenntnisse und Fähigkeiten. Anhand der Tests ist es möglich, zusätzlich die Verarbeitungsgeschwindigkeit und allgemeine Sprache *(HAWIVA-III)* bzw. Arbeitsgedächtnis *(HAWIK-IV).* zu überprüfen. Durch das umfangreichere Testinventar dieser beiden Tests kann die Intelligenzmessung präziser erfolgen.

Das Ergebnis der Intelligenzmessung ist der Intelligenzquotient (Gesamt-IQ). Er wird in IQ-Punkten ausgedrückt. Der Durchschnittsbereich liegt zwischen 85 und 115 IQ-Punkten. Ein IQ-Wert über 115 wird als überdurchschnittlich bezeichnet, ein Wert unter 85 als unterdurchschnittlich. Von Hochbegabung spricht man ab einem IQ-Wert über 130, von einer niedrigen Intelligenz bei einem IQ unter 70.

Falls ein Screeningverfahren durchgeführt wurde und die Testergebnisse in den sogenannten Extrembereichen (IQ <85 und >115) liegen, sollte ein weiterer, ausführlicherer Intelligenztest zur Differenzierung im über- sowie im unterdurchschnittlichen Bereich durchgeführt werden.

Empfohlene Intelligenztests

· Hannover-Wechsler-Intelligenztest für das Vorschulalter – III (HAWIVA-III)
· Hamburg-Wechsler-Intelligenztest für Kinder (HAWIK-IV)
· Grundintelligenztest Skala 2 (CFT 20-R)

Fallbeispiel Diagnostik: Was bedeuten die Ergebnisse der psychologischen Untersuchung?

Am Ende des Vormittags bittet die Psychologin Lisas Mutter zum Besprechen der Testergebnisse in ihr Zimmer. Die Psychologin berichtet, dass Lisa bei den Tests sehr gut mitgemacht habe. Nacheinander erklärt sie die Testergebnisse. Dazu holt sie die Testunterlagen mit Lisas Antworten hervor.

Sie erklärt die Auswertung der Lese- und Rechtschreibleistung. Beim Lesetest werde die Lesezeit bewertet. Insgesamt habe Lisa 85 Sekunden benötigt, um die Wörter zu lesen. Anhand einer Tabelle habe sie diesen Wert umgerechnet und mit der Leseleistung der Kinder im Bundesdurchschnitt verglichen. Bei diesem Vergleich erreicht Lisa nur ein unterdurchschnittliches Ergebnis. Auch in der Rechtschreibleistung ist die Anzahl falsch geschriebener Wörter so hoch, dass Lisas Ergebnis insgesamt unterdurchschnittlich sei. Hingegen erreicht Lisa im Intelligenztest ein deutlich überdurchschnittliches Ergebnis, sie hat einen IQ von 125. Die Psychologin erklärt, dass der Durchschnittsbereich bei 85 bis 115 IQ-Punkten liegt.

Lisas Mutter fragt, ob bei Lisa nun eine Legasthenie vorliege. Die Psychologin sagt, die Testergebnisse sprächen sehr für das Vorliegen einer Legasthenie, allerdings müsse Lisa noch kinder- und jugendpsychiatrisch untersucht werden. Dazu wird ein weiterer Termin vereinbart.

Überprüfung von Basiskompetenzen für den Schriftspracherwerb

Zu den Basiskompetenzen für Lese-RechtschreibLeistungen gehört die phonologische Bewusstheit.

Der Test *Basiskompetenzen für Lese- und Rechtschreibleistungen (BAKO)* überprüft diese Basisfertigkeit gründlich. Er besteht aus insgesamt 74 Aufgaben, die zu sieben Subtests zusammengefasst sind: Pseudowort-Segmentierung, Vokalersetzung, Restwortbestimmung, Phonemvertauschung, Lautkategorisierung, Vokallängenbestimmung und Wortumkehr. Anhand dieser Aufgaben können bei Grundschulkindern der ersten bis vierten Klasse phonologische Fähigkeiten untersucht werden. Die einzelnen Testwörter und Laute sind auf einer CD aufgesprochen und werden den zu prüfenden Kindern vorgespielt.

Ich gebe Ihnen ein Beispiel aus dem Test »Vokalersetzung«. Das Kind hört das Wort *Sand*. Es soll nun den Laut *a* durch den Laut *i* ersetzen. Dadurch entsteht das Wort *Sind*. Bei einzelnen Wörtern gibt es zwei Vokale, damit zwei Ersetzungen, z. B. *Kaba*: Aus *Kaba* wird *Kibi*. Dieser Test ersetzt nicht die Überprüfung der Lese- und Rechtschreibleistung. Er gibt jedoch zusätzliche Informationen über Fähigkeiten, die wichtig für das erfolgreiche Lesen- und Schreibenlernen sind. Wenn ein Kind bei diesen Aufgaben Schwierigkeiten hat, ist meist zunächst eine Förderung im Bereich der Sprachunterscheidung, des Sprachgedächtnisses und der Sprachsynthese notwendig, bevor mit Lese- und Schreibübungen begonnen werden kann.

Kinder- und jugendpsychiatrische Diagnostik

Nach den Gesprächen mit Ihnen und Ihrem Kind, ergänzt durch psychologische Testverfahren und eine neurologische Untersuchung des Kindes, können alle erhobenen Untersuchungsbefunde (einschließlich des Schulberichts; siehe Abbildung unten) bewertet werden, und eine individuelle Diagnose wird gestellt.

Die kinder- und jugendpsychiatrische Untersuchung

- Anamnese (Eigen-, Familien- und Fremdanamnese)
- Standardisierter Rechtschreibtest
- Standardisierter Lesetest
- Standardisierter Intelligenztest
- Verfahren zur Erfassung der Emotionalität, des Verhaltens und der Persönlichkeit
- Neurologische und internistische Untersuchung einschließlich eines Hör- und Sehtests und ggf. eines Elektroenzephalogramms (EEG)
- Überprüfung der Motorik
- Überprüfung der Artikulation und des Sprachverständnisses

Ziel der Anamnese ist es, anhand eines Gesprächs mit den Eltern die Entwicklung ihres Kindes von der Geburt bis zum Zeitpunkt der aktuellen Untersuchung darzustellen. Ein weiterer Schwerpunkt ist die schulbezogene Anamnese (Zeitpunkt der Einschulung, Umgang mit der Schriftsprache, Lernverhalten, Lese- und Rechtschreibfähigkeit, Leseverhalten, Förderung in der Schule).

Neben der Befragung der Eltern steht das Gespräch mit dem legasthenen Kind.

Fallbeispiel Diagnostik: Termin beim Kinder- und Jugendpsychiater

Zu einem zweiten diagnostischen Termin suchen Lisa und ihre Mutter einen Kinder- und Jugendpsychiater auf. Der Arzt arbeitet in Kooperation mit der Psychologin, die Lisa zuerst untersucht hat. Im Vordergrund dieses Untersuchungstermins steht das ausführliche Gespräch mit Lisa und ihrer Mutter.

Lisa und ihre Mutter gehen gemeinsam in das Sprechzimmer des Arztes. Zunächst wird ihnen der Ablauf des Vormittags in der Praxis erklärt. Dann fragt der Kinder- und Jugendpsychiater nach der aktuellen Situation in der Schule. Lisas Mutter berichtet über die Schwierigkeiten beim Lesen und Rechtschreiben und von den Problemen in der Klasse. Sie schildert auch, dass Lisa in letzter Zeit schlecht schlafe und morgens nicht mehr zur Schule gehen wolle. Dies bereite ihr große Sorgen. Der Arzt lässt sich auch von Lisa beschreiben, wie es ihr geht und wie sie die Probleme be-

schreiben würde. Anschließend wird das Gespräch mit beiden getrennt weitergeführt.

Der Kinder- und Jugendpsychiater fragt Lisa nach ihren Interessen und Hobbys, wie sie selbst ihre Lese- und Rechtschreibfähigkeit einschätzt und wie es ihr zu Hause und in der Schule geht. Eingehend erfragt er, wie ihre Stimmung ist, wie sie über die Schule denkt und mit den Lehrern klarkommt.

Mit Lisas Mutter bespricht der Kinder- und Jugendpsychiater die Entwicklung von Lisa seit der Geburt. Er fragt nach möglichen Komplikationen vor, während und nach der Geburt und nach der Entwicklung in den ersten Lebensjahren. Besonderen Wert legt er auf Lisas Sprach- und Sprechentwicklung. Der Zeitpunkt des Sprechbeginns und die Sprachentwicklung sind ihm wichtig. Auch nach der Aussprache von einzelnen Lauten wird Lisas Mutter gefragt. Lisas soziale und psychische Entwicklung stellt einen weiteren Schwerpunkt des Anamnesegesprächs dar.

Der Arzt stellt die aktuelle psychische Befindlichkeit des Kindes in seinem psychopathologischen Befund zusammenfassend dar.

Die neurologische Untersuchung

An das Gespräch mit dem Kind schließt sich eine neurologische Untersuchung an. Dabei soll klarwerden, ob Störungen der Hirnnerven und des zentralen Nervensystems vorliegen. Diese Untersuchung schließt eine Kontrolle der fein- und grobmotorischen Koordinationsfähigkeit mit ein. Funktionstests prüfen wesentliche Bereiche der Hand- und Beinmotorik, der Sensibilität und der motorischen Koordinationsfähigkeit des Kindes.

Anschließend werden die Wahrnehmungsfunktionen der Augen und der Ohren untersucht.

Fallbeispiel Diagnostik: Die neurologische Untersuchung

Nach den Gesprächen mit Lisa und ihrer Mutter führt der Kinder- und Jugendpsychiater noch eine neurologische Untersuchung durch. Hierzu gehört die Untersuchung der Motorik, der Seh- und Hörfunktionen und der Hirnnerven.

Um die Koordination der Bewegung zu untersuchen, bittet er Lisa, ihre Schuhe auszuziehen und verschiedene Bewegungen nachzumachen. Der Arzt fährt mit dem Zeigefinger durch die Luft, und Lisa soll mit ihrem Zeigefinger dieser Bewegung folgen. Das Stehen und Hüpfen auf einem Bein, abwechselnd für beide Beine, wird ebenfalls geprüft.

Zur Überprüfung der Sehfähigkeit wird ein Teil des Untersuchungszimmers abgedunkelt. An der Wand hängt eine Tafel, auf der Lisa die Öffnung von Kreisen erkennen muss, einmal mit dem linken, einmal mit dem rechten und einmal mit beiden Augen. Die Zeichen auf der Tafel haben unterschiedliche Größen, so dass Lisa sich anstrengen muss, auch die kleinsten Kreise noch zu erkennen.

Zur Hörprüfung werden Lisa in einem schallgedämpften Raum Kopfhörer aufgesetzt. Die Arzthelferin spielt ihr einzelne Töne unterschiedlicher Tonhöhe und Lautstärke vor. Lisa soll mit dem Finger zeigen, auf welchem Ohr sie den Ton hört bzw. ob sie überhaupt einen Ton hört.

Nach zwei Stunden ist die kinder- und jugendpsychiatrische Untersuchung abgeschlossen. In dem anschließenden Gespräch berichtet der Kinder- und Jugendpsychiater über die Untersuchungsergebnisse und stellt fest, dass bei Lisa eine Legasthenie vorliegt. Er empfiehlt eine Legasthenie-spezifische Förderung.

Wenn sich bei der Untersuchung Hinweise auf eine Seh- oder Hörstörung ergeben, erfolgt die Überweisung an einen Facharzt für Augenheilkunde oder für Pädaudiologie und Phoniatrie (kindliche Hörstörungen) zur weiteren Abklärung der Befunde.

Dieser umfangreiche diagnostische Aufwand ist notwendig, um erstens eine richtige Diagnose zu stellen und zweitens die spezifische Behandlung für Ihr Kind zu finden. Schließlich gibt es einzelne Kinder, die Leseprobleme aufgrund einer Sehstörung entwickeln. Diese okulären Lesestörungen müssen nach den Behandlungsstandards der Augenheilkunde behandelt werden. Trotzdem kann es sinnvoll sein, auch diese Kinder im Lesen und Rechtschreiben zusätzlich mit pädagogischen Mitteln zu fördern.

Allerdings ist es nicht bei allen Kindern mit einer Legasthenie notwendig, so umfangreiche Tests der Seh- und Hörfunktionen durchzuführen.

Wann zusätzliche Funktionstests durchgeführt werden sollten, wird in den nächsten Abschnitten dargestellt.

Wann sollte ein EEG durchgeführt werden?

Bei einzelnen legasthenen Kindern besteht der Verdacht, dass zusätzlich eine Epilepsie (Krampfleiden) vorliegt. Da es eher selten ist, dass Epilepsie und Legasthenie gemeinsam auftreten, ist es nur dann sinnvoll, ein EEG durchzuführen, wenn Sie bei Ihrem Kind oder in der Familie bestimmte Auffälligkeiten beobachtet haben.

Die häufigste Epilepsieform ist die sogenannte Rolando-Epilepsie, die sich mittels Elektroenzephalogramms gut nachweisen lässt. Meistens sind Kinder im fünften und zehnten Lebensjahr betroffen, Jungen häufiger als Mädchen.

Die Epilepsie wird häufig schlecht erkannt. Sie zeigt sich oft in einem Kribbeln oder Taubheitsgefühl der Zunge, der Lippen, des Zahnfleisches oder der Innenseite der Wange einer Gesichtshälfte. Darauf folgen häufiger leichte Verkrampfungen und meist auch Zuckungen in denselben Regionen einschließlich der Gesichtsmuskulatur. Wenn auch die Schluck- und Kaumuskulatur beteiligt ist, kann man grunzende Laute oder ein Zähneknirschen beobachten.

Eltern fällt die Problematik erst dann auf, wenn ihre Kinder nachts zu ihnen kommen, zwar wach erscheinen, aber nicht sprechen können und auf ihren Mund zeigen, der nach einer Seite verzogen ist, während Speichel herausläuft. Gelegentlich werden auch Muskelzuckungen beobachtet. Erst nach dem Anfall können die Kinder berichten, dass sie mit einem »tauben« oder auch »elektrisierenden« Gefühl im Mundbereich wach geworden sind. Meist tritt der Anfall in den frühen Morgenstunden auf und kann von Sekunden bis zu wenigen Minuten dauern.

Wenn Sie solche Auffälligkeiten beobachten, sollten Sie unbedingt einen spezialisierten Kinderarzt oder Neuropädiater aufsuchen.

Wann sind Sehtests notwendig? Und welche?

Im Rahmen der ärztlichen Diagnostik werden auch die Sehfunktionen überprüft, um die Möglichkeit auszuschließen, dass die Legasthenie durch eine Sehstörung verursacht ist. Dabei prüft man verschiedene Funktionen des Auges, die für das Lesen wichtig sind, vor allem das beidäugige Sehen, die Koordination der Augenmuskeln, die Stellung der Augen zueinander und den Augenhintergrund des Kindes.

Fallbeispiel: Sehprobleme in der Schule

Sarah besucht die erste Klasse einer Grundschule. Die Klassenlehrerin setzt Sarah neben ihre Freundin, die einen Platz im hinteren Bereich des Klassenraums ausgesucht hat. Nach ein paar Schulmonaten berichtet Sarah, dass sie die Buchstaben auf dem großen Poster neben der Tafel manchmal nur verschwommen sehen kann. Der Klassenlehrerin fällt auf, dass Sarah häufig blinzelt, obwohl die Sonne nicht direkt in den Klassenraum scheint und eine direkte Blendung ausgeschlossen ist. Sarah berichtet über Kopfschmerzen und reibt sich oft die Stirn. Die Lehrerin schlägt Sarah vor, den Platz zu wechseln und sich nach vorne zu setzen. Sarah bemerkt, dass sie nun die Buchstaben besser erkennen kann.

Die Klassenlehrerin ruft Sarahs Mutter an und berichtet über ihre Beobachtungen. Sie schlägt vor, Sarah beim Augenarzt untersuchen zu lassen. Sarahs Mutter ist verwundert, da sie mit Sarah alle Vorsorgeuntersuchungen beim Kinderarzt durchführen ließ und der Meinung war, dass in einer der Untersuchungen auch die Sehfähigkeit untersucht worden sei.

Am nächsten Tag vereinbart sie einen Termin bei der Augenärztin. Dort wird Sarah eingehend untersucht und eine Fehlsichtigkeit festgestellt. Um die Augen genau zu untersuchen, bekommt Sarah in jedes Auge ein paar Tropfen, die die Augenmuskeln entspannen. Dann kann der Augenarzt die Sehfunktionen des Auges genau untersuchen. Bei Sarah liegt eine Übersichtigkeit vor. Der Augenarzt erklärt, dass Sarahs Augen sich ständig überanstrengen. Das sei eine Fehlsteuerung, die durch eine Brille ausgeglichen werden könne. Daher bekommt Sarah eine Brille, mit der sie nun die Buchstaben wieder besser erkennen kann. Beschwerden beim Sehen treten nun auch nicht mehr auf.

Die häufigsten Funktionsstörungen des Auges sind die geringfügigen Abweichungen eines Auges (Heterophorie). Sie führen dazu, dass Ihr Kind beim Betrachten eines Wortes die Buchstaben und/oder das ganze Wort nicht richtig wahrnimmt. Dieses latente Schielen ist häufiger, als man denkt: Etwa 70% aller Menschen sind davon betroffen. Stress oder Ermüdung führen dazu, dass diese unterdrückte Schielstellung sich zeitweise nicht mehr unterdrücken lässt.

Ein latentes Schielen kommt auch zum Vorschein, wenn man die Zusammenarbeit beider Augen z.B. durch Abdecken eines Auges unterbricht. Beim Aufdecken wandert das abgewichene, abgedeckte Auge prompt wieder in die Parallelstellung.

Je nach Größe und Richtung der Abweichung kann die ständige Anstrengung, den Parallelstand der Augen aufrechtzuerhalten, zu Kopfschmerzen, Leseunlust, Blinzeln und Zusammenkneifen der Augen führen. Augenärzte gehen davon aus, dass dieses Symptom recht häufig mit Leseschwierigkeiten einhergeht. Ungefähr 10% der Leseschwierigkeiten sind auf okulär bedingte Lesestörungen zurückzuführen.

Wann sind Hör- und Sprachtests notwendig? Welche sind zu empfehlen?

Das Hören ist eine komplexe Fähigkeit, da ganz unterschiedliche Eigenschaften wahrgenommen und unterschieden werden müssen. Hierzu gehören die Lautstärke und die Länge eines Tones sowie die verschiedenen Frequenzen von Tönen und die Richtung, aus der ein Ton kommt. Beim Hören sind verschiedene Bereiche beteiligt, vor allem das äußere Ohr, das Innenohr, die Nervenbahnen zum Gehirn und das Großhirn mit spezifischen sprachverarbeitenden Regionen.

Um die Hörfähigkeit von Kindern zu untersuchen, wird zunächst die Funktionsfähigkeit des Mittel- und des Innenohrs untersucht. Mit Hilfe von Hörfunktionstests (z. B. Tonschwellenaudiometrie) wird das Vorliegen einer Hörstörung untersucht. Bei diesen Tests allerdings unterscheiden sich die Ergebnisse legasthener Kinder so gut wie nie von denen nicht legasthener Kinder.

Häufig stellt man dagegen fest, dass legasthene Kinder Schwierigkeiten bei der Unterscheidung von Einzellauten haben. Diese Schwierigkeiten haben nichts mit dem »eigentlichen« Hören, also der Funktion des Innenohrs, zu tun, sondern sind eher auf eine zentrale Verarbeitungsstörung der auditiven Information zurückzuführen.

Besonders schwer fällt offenbar die Unterscheidung von Sprachreizen, z. B. von einzelnen Konsonant-Vokal-Kombinationen wie *da* und *ba*. Weil legasthene Kinder den Unterschied nur mit Anstrengung heraushören können, fällt es ihnen auch schwer, die Buchstabenzuordnung zu diesen Sprachreizen zu erlernen.

Zur Diagnostik rezeptiver und produktiver Sprachverarbeitungsfähigkeiten sowie auditiver Gedächtnisleistungen liegt als Testverfahren der *Sprachentwicklungstest für drei- bis fünfjährige Kinder* (SETK 3–5) und für die Untersuchung von Sprachverständnis, Wortschatz, Grammatik und Sprachproduktion das *Sprachstandserhebungsverfahren für Kinder im Alter zwischen 5 und 10 Jahren* (SET 5–10) vor.

Sprachentwicklungsstörung?

Legasthene Kinder haben oft in ihrer Entwicklung eine Sprachstörung, die den Schriftspracherwerb wesentlich beeinträchtigen kann. Daher wird empfohlen, die Sprachentwicklungsstörung möglichst frühzeitig zu diagnostizieren, um eine ebenfalls möglichst frühzeitige Behandlung durchzuführen. Durch die frühe Diagnose kann erreicht werden, dass Sie die Voraussetzung für den Schriftspracherwerb des legasthenen Kindes verbessern können. Die Übersicht auf Seite 82 zeigt Ihnen die Entwicklungsschritte der normalen Sprachentwicklung.

Einen besonderen Bereich stellen die Artikulationsstörungen dar, also die Schwierigkeit des Kindes, einzelne Laute laut auszusprechen. Hierher gehören z.B. die Aussprache des *S* oder von Lautverbindungen wie *sp*, *st* und *spr*. Diese sprechmotorischen Störungen können am besten durch Fachärzte für Phoniatrie und Pädaudiologen oder Logopäden diagnostiziert und behandelt werden. Achten Sie also früh darauf, ob Ihr Kind derartige Schwierigkeiten beim Sprechen hat.

Nicht immer ist eine Behandlung notwendig: Die korrekte Aussprache von s-Lauten wird z.B. von einigen Kindern erst sehr spät, im 6. oder 7. Lebensjahr, erlernt. Deshalb können Sie, wenn keine weiteren Erkrankungen oder Sprachstörungen vorliegen, mit einer Behandlung abwarten, bis die bleibenden Schneidezähne da sind. Wenn aber eine Störung vorliegt, sollte mit logopädischen Übungen zur Lautbildung und -differenzierung nicht gewartet werden.

Normale Sprachentwicklung

Die normale Sprachentwicklung verläuft über viele Jahre. Es lassen sich aber markante »Eckdaten« oder »Meilensteine« in dieser Entwicklung nachweisen; so stellt z.B. bereits das erste Schreien eines Säuglings nach der Geburt den Beginn der Sprachentwicklung dar! Weitere wichtige Eckdaten sind:

· Kinder können ab dem 6. Monat Laute verdoppeln *(absichtliche Lautnachahmung)*.
· Mit ca. einem Jahr werden erste Wörter gebildet *(ma-ma, pa-pa)*.
· Mit 1,5–2 Jahren gibt es Zweiwortäußerungen *(Mama da)*.
· Ab 2,5–4 Jahre erweitert sich der Wortschatz, Konsonanten und ihre Verbindungen kommen hinzu. Anfänglich bildet das Kind Laute, die es mit den Augen absehen kann, z.B. *p, b, m, l* und die Vokale *a, o, i, e, u*.

Die normale Sprachentwicklung sollte mit etwa 4–5 Jahren abgeschlossen sein. Das bedeutet, dass ein Kind dann in der Lage ist, (fast) alle Laute richtig auszusprechen, und mit einem kindgemäßen Wortschatz Sätze mit einfacher Grammatik bilden kann.

(Quelle: Deutsche Gesellschaft für Phoniatrie und Pädaudiologie e.V.)

Schulische Diagnostik

Neben der kontinuierlichen Beobachtung des Kindes, insbesondere seiner Lese- und Schreibentwicklung, gehört die Beurteilung der gesamten schulischen Entwicklung und des Umfeldes des Kindes zur schulischen Diagnostik.

Im Vordergrund steht der Aspekt der spezifischen Leistungs- und Lernstandsbeobachtung des Kindes im Lesen und Rechtschreiben durch den Deutschlehrer. Für die Rechtschreibung, aber auch für das Lesen wird empfohlen, dass die Lehrkraft auf das individuelle Lese- und Rechtschreibniveau besonders achten und herausarbeiten sollte, welches Entwicklungsniveau das Kind im Schriftspracherwerbsprozess erreicht hat.

Zur Beurteilung des aktuellen Entwicklungsstandes im Lesen und Rechtschreiben sollte eine Analyse der Rechtschreib- und Lesefehler stattfinden. Allerdings ist immer wieder in Frage gestellt worden, ob ein und dasselbe legasthene Kind dieselben Rechtschreibfehler wiederholt macht. So finden Sie in der Fachliteratur immer wieder beschrieben, dass Legastheniker typische Rechtschreibfehler produzieren. Als Beispiel werden die Vertauschung von *b* und *d*, oder *b* und *g*, genannt. Diese Annahme konnte nicht belegt werden und ist irreführend. Während des Erlernens des Schreibens machen die meisten Kinder solche Rechtschreibfehler. Sie sind typisch für einen Entwicklungsstand im Rechtschreiben, jedoch nicht typisch für das Vorliegen einer Legasthenie.

Entscheidend für die angemessene schulische Förderung ist die qualifizierte Diagnostik. Im schulischen Bereich kann die

Diagnostik z. B. im Anfangsunterricht durch die Überprüfung von Fähigkeiten zur Erfassung der Silbenstruktur von Wörtern, zum Reimerkennen und Lautunterscheidung erweitert werden. Für das Rechtschreiben ist die Buchstabenkenntnis zu Beginn der ersten Klasse von großer Bedeutung für die weitere Schriftsprachentwicklung. Daher ist die Erfassung und Dokumentation der Kenntnisse und Fähigkeiten eines jeden Kindes durch die Lehrkraft im Fach Deutsch besonders wichtig.

Die Beobachtung beim Lesen und Rechtschreiben im Unterricht sollte durch Schulleistungstests im Lesen und Rechtschreiben ergänzt werden. Dabei wird die Leseleistung hinsichtlich der Aspekte Lesegenauigkeit, Lesegeschwindigkeit und Leseverständnis beurteilt.

Die Beobachtung des Schülerverhaltens ist natürlich ein weiterer wichtiger diagnostischer Bestandteil. Kinder, denen es schwerfällt, ruhig sitzen zu bleiben, die mit den Antworten schnell herausplatzen, nicht warten können, bis sie an der Reihe sind und häufig unaufmerksam sind, benötigen meist spezifische Unterstützung und Hilfen. Dieses Verhalten gilt es zu erkennen und die notwendige kinder- und jugendpsychiatrische Diagnostik anzuregen. Meist beobachten Eltern dieses Verhalten auch zu Hause und sind froh, wenn die Lehrkraft sie bei dem Schritt, sich professionelle Hilfe zu suchen, unterstützt.

Kinder, die eher still sind, traurig wirken und häufig allein sind, sollten besondere Aufmerksamkeit durch die Lehrkraft bekommen. Die Gründe für das Verhalten und Erleben des Kindes können sehr unterschiedlich sein, jedoch ist das Erkennen der Emotionalität des Kindes wichtig, um die richtigen diagnostischen Schritte einzuleiten.

In den meisten Schulen besteht die Möglichkeit für die Lehrkräfte, sich bei der Diagnostik durch eine schulpsychologische Fachkraft beraten und unterstützen zu lassen.

Lernstrategien

Ein weiterer Bestandteil ist die Analyse der Lese- und Rechtschreibstrategie. Es ist häufig nicht leicht herauszufinden, wie ein legasthenes Kind an die Wörter herangeht und nach welchen Prinzipien es liest und schreibt. Daher sollten im Deutschunterricht auch die Lösungsstrategien analysiert werden. Kinder entwickeln von Beginn bis zum Ende der Grundschulzeit nicht selten Strategien, nach denen sie ein Wort schreiben. Dabei nutzen sie Wortähnlichkeiten und Rechtschreibregeln. Viele Legastheniker haben jedoch keine gleichbleibende Strategie beim Schreiben, sind leicht zu verunsichern und werden durch komplexe Erklärungen seitens des Lehrers oft überfordert. Zur differenzierten Analyse der Lese- und Schreibentwicklung durch die Lehrer ist es allerdings unbedingt notwendig, dass die Erkenntnisse der Schriftspracherwerbsforschung auch bekannt sind.

Vor dem Hintergrund dieser Kenntnisse wird der aktuelle Stand des Kindes mit dem zu erwartenden Stand in der Lese- und Rechtschreibentwicklung verglichen.

Neben die differenzierte Erfassung der Schwierigkeiten im Lesen und Rechtschreiben gehört auch die Erfassung der

Stärken des Kindes. Die Analyse der individuellen Lern- und Aneignungsprozesse des Kindes gibt wesentliche Aufschlüsse über sein Lernpotenzial.

Die Differenzierung der Lese- und/oder Rechtschreibstörung von einer Beeinträchtigung allgemeiner kognitiver Fähigkeit bedarf besonderer Aufmerksamkeit. Die irrtümliche Annahme, dass Kinder und Jugendliche mit einer Legasthenie nicht über ausreichende kognitive Fähigkeiten verfügen, bestimmt leider häufig den diagnostischen Beurteilungsprozess durch die Lehrkraft. Für die Unterscheidung zwischen Legasthenie und einer allgemeinen Lernbeeinträchtigung helfen folgende Beobachtungen:

Legasthenie oder allgemeine Lernbeeinträchtigung?		
	Legasthenie	Allgemeine Lernbeeinträchtigung
Lesen und Schreiben	Deutliche Beeinträchtigung im Lesen und/oder Rechtschreiben	Schwächen beim Lesen und Rechtschreiben, aber auch in anderen Lernbereichen, wie z.B. Heimat- und Sachkunde
Lernen	Lerngeschwindigkeit insgesamt nicht beeinträchtigt	Insgesamt langsamere Lerngeschwindigkeit
Mathematik	Nicht selten gute Fähigkeiten im mathematischen Bereich (mit Ausnahme von Textaufgaben)	Vergleichbare Leistungen wie im Lesen und Schreiben

Wie sieht die Zukunft aus?

Viele Eltern legasthenischer Kinder machen sich Sorgen, wie sich ihr Kind schulisch entwickelt. In diesem Kapitel werden alle Aspekte der psychosozialen und schulischen Entwicklung beleuchtet.

Presseberichte zeichnen häufig ein düsteres Bild und tragen zur weiteren Besorgnis von Eltern bei. Da kann man lesen, dass Legastheniker häufig später im Gefängnis landen und dass man nichts gegen die Legasthenie tun könne, weil sie eine Krankheit sei und damit schicksalhaft akzeptiert werden müsse. Lassen Sie sich durch solche Meldungen nicht entmutigen. Obwohl Legasthenie eine meist chronisch verlaufende Störung ist, kann Ihrem Kind geholfen werden. Es lohnt sich, auch wenn die Hilfe oft bis ins Erwachsenenalter notwendig ist.

Legasthenie und psychische Auffälligkeiten

Die Bedeutung von psychischen Problemen ist bei der Legasthenie insgesamt hoch. Viele Kinder und Jugendliche schlagen sich mit Traurigsein, Selbstmordgedanken, Schlaf- und Essstörungen herum. Eine in Mannheim und Umgebung durchgeführte Studie zeigte, dass die Anzahl psychischer Symptome bei Legasthenikern bis zum 18. Lebensjahr im Vergleich zu Nicht-Legasthenikern deutlich erhöht ist (siehe Abbildung auf S. 90).

Diese Untersuchung hat Legastheniker seit der Schulzeit bis ins Erwachsenenalter begleitet. Um festzustellen, ob die psychischen Probleme bei Legasthenikern häufiger auftreten, wurden sie mit einer sogenannten Kontrollgruppe verglichen. Diese setzte sich aus Schülern zusammen, die vergleichbar begabt wie die Legastheniker waren, aber keine Probleme beim Lesen und Schreiben hatten.

Alle Kinder wurden hinsichtlich des Vorhandenseins von psychischen Problemen untersucht. Besondere Aufmerksamkeit kam den drei häufigsten Symptomgruppen zu. Hierzu gehören die Verhaltensstörungen (Hyperaktivität, Impulsivität, Aufmerksamkeitsstörung, Gewalttätigkeit, Regelverletzung) und die sogenannten introversiven Störungen (traurige Stimmung, Selbstmordgedanken, Schlafstörungen).

Die Prozentangaben in der linken Spalte der Abbildung sollten Sie mit den Angaben der rechten Spalte vergleichen.

Sie sehen auf einen Blick, dass die Prozentangaben bei den Legasthenikern (LRS) deutlich höher sind. Diese erhöhte Prozentangabe bleibt über alle Altersgruppen bestehen.

Ergebnisse der Mannheimer Längsschnittstudie: Psychische Störungen		
(Esser und Schmidt, Zeitschrift für Klinische Psychologie 22, 100–116, 1993)		
	LRS (n = 32)	Normal intelligente Kinder ohne Entwicklungsstörungen (n = 244)
8 Jahre	43,2 %	12,4 %
13 Jahre	44,1 %	16,8 %
18 Jahre	34,4 %	18,9 %

Häufigkeit psychischer Symptome bei Legasthenikern (LRS) in drei Altersgruppen im Vergleich zu Nicht-Legasthenikern

Diese Studie bestätigt, was Studien in anderen Ländern bereits zuvor gezeigt haben: dass bei Legasthenikern die Rate psychischer Probleme deutlich erhöht ist. Deshalb sollten Sie das Verhalten Ihres legasthenen Kindes gut beobachten und ggf. frühzeitig eine kinder- und jugendpsychiatrische Untersuchung durchführen lassen, damit die gesamte Entwicklung des Kindes positiv beeinflusst wird. Zum Teil können psychische Störungen vermieden werden, wenn rechtzeitig die richtigen Hilfen zur Verfügung stehen. Hierzu können die Lehrkräfte und die Familie gemeinsam einen wichtigen Beitrag leisten.

Ich stelle Ihnen nun die häufigsten Störungsbilder vor, die gemeinsam mit einer Legasthenie auftreten.

Legasthenie und Aufmerksamkeitsdefizit-Hyperaktivitäts-Störung

Bei ca. 15–20% der legasthenen Kinder liegt zusätzlich eine Störung der Aufmerksamkeit, eine ausgeprägte Hyperaktivität oder ein impulsiver Verhaltensstil vor.

Aufmerksamkeitsstörung

Aufmerksamkeitsgestörte Kinder
- sind unaufmerksam gegenüber Details
- werden häufig von externen Reizen abgelenkt
- hören häufig scheinbar nicht, was ihnen gesagt wird
- sind häufig beeinträchtigt, Aufgaben und Aktivitäten zu organisieren
- verlieren oft Gegenstände, die für bestimmte Aufgaben wichtig sind
- brechen Aufgaben vorzeitig ab

Typische Verhaltensweisen von aufmerksamkeitsgestörten Kindern

Impulsivität und Hyperaktivität beeinflussen das Lernen und den Schulerfolg. Daher ist die Diagnostik beider Störungen so wichtig!
Die typischen Verhaltensweisen der aufmerksamkeitsgestörten Kinder sind in der Abbildung oben zusammengefasst. Den Kindern gelingt es nur schlecht, sich auf die relevanten Aspekte einer Aufgabe zu konzentrieren, sie springen häufi-

ger auf und verlieren schnell die Lust, bei einer Aufgabe zu bleiben.

Fallbeispiel: Auch Legastheniker können hyperaktiv sein!

Johannes war schon im Kindergarten recht lebhaft, konnte schlecht still sitzen und war manchmal aggressiv gegen andere Kinder. Seit einem Jahr besucht er die Grundschule, und die Lehrer klagen, dass Johannes so unruhig und zappelig sei. Sie berichten, dass Johannes in der Klasse herumlaufe, bei Aufgaben nicht abwarten könne, bis er an die Reihe kommt, häufig dazwischenrufe und unaufmerksam sei. Daher, so die Meinung der Klassenlehrerin, komme er auch in der Schule nicht mit. Als Johannes' Mutter dies am Elternsprechtag erfährt, ist sie nicht überrascht. Auch zu Hause ist Johannes ein unruhiges Kind. Beim Essen wackelt er mit dem Stuhl, er ist immer in Bewegung und gerät mit den Geschwistern oft in Streit. Bei den Hausaufgaben ist er unkonzentriert und unmotiviert. Eins versteht sie allerdings nicht: warum die Lehrerin meint, Johannes komme in allen Schulbereichen nicht mit. Sie hat den Eindruck, dass er im Rechnen sehr gut mitkommt, dass das Rechnen ihm sogar leichtfällt und er auch sehr wissbegierig ist.

Johannes' Mutter lässt sich in einer Erziehungsberatungsstelle beraten, nachdem Johannes dort eingehend untersucht wurde. Dort wird die Diagnose einer Aufmerksamkeitsdefizit-Hyperaktivitäts-Störung (ADHS) gestellt und ein Therapieplan besprochen.

Der Diagnostik dieser zusätzlichen Störung kommt eine entscheidende Bedeutung zu. Denn das rechtzeitige Erkennen wird zu einer frühzeitigen Behandlung führen, die sich dann positiv auf die weitere Lernentwicklung auswirkt.

Risiko: Dissoziales Verhalten

Verhaltensstörungen treten in der Entwicklung gehäuft auf, meistens in Form von regelverletzendem und oppositionellem Verhalten oder von impulsivem und aggressivem Verhalten. Nicht selten nehmen legasthene Kinder, bei denen seit dem Kindergarten eine Aufmerksamkeitsdefizit-Hyperaktivitäts-Störung besteht, als Jugendliche eine dissoziale Entwicklung: Es kann sein, dass sie Diebstähle begehen, sich aggressiv gegenüber anderen verhalten, Eigentum zerstören und auch Straftaten begehen, die sie vor Gericht bringen.

Aber auch ohne diese zusätzliche Störung ist bei Legasthenikern das Risiko für eine dissoziale Entwicklung generell erhöht. Jungen sind besonders gefährdet.

Warum das so ist – ob Legasthenie und Dissozialität aus einer gemeinsamen Wurzel stammen oder auf andere Weise ursächlich miteinander zusammenhängen –, ist bis heute nicht geklärt. Ziemlich sicher spielen soziale Faktoren, wie z. B. das Einkommen der Familie und der Lebensstandard, eine gewisse Rolle für das gemeinsame Auftreten. Vermutlich tritt dann eine delinquente Entwicklung auf, wenn bereits früh in der Entwicklung (bereits vor Schulbeginn) antisoziales Verhalten zu beobachten ist.

Legasthenie und emotionale Störungen

Durch das häufig erlebte Versagen in der Schule, aber auch durch fehlende Akzeptanz in der Familie entwickeln manche Legastheniker ein negatives Selbstkonzept und ein geringes Selbstwertgefühl. Sie bewerten ihre Leistungen im Lesen und Rechtschreiben eher als schlecht, trauen sich wenig zu und betrachten sich selbst als die Ursache für die schlechten Lese- und Rechtschreibleistungen.

Fallbeispiel: Die psychischen Folgen der Legasthenie

Maria besucht die fünfte Klasse der Gesamtschule. Seit einem Jahr beobachtet ihre Mutter, dass Maria nicht mehr so viel Spaß wie früher hat, dass sie oft schlecht gestimmt und gereizt wirkt. In letzter Zeit spielt sie nicht mehr mit ihren Freunden, sie geht nicht mehr zum Reiten und verbringt ihre Freizeit lieber in ihrem Zimmer.

Bei Maria wurde in der vierten Klasse eine ausgeprägte Legasthenie festgestellt. In der Schule wurde die Legasthenie nicht berücksichtigt, und Maria hat sehr darunter gelitten, dass sie trotz ihrer großen Anstrengungen im Lesen und Rechtschreiben kaum besser wurde. Sie hat viel zu Hause geübt, bekam Nachhilfe, benutzte Computer-Lernprogramme. Trotzdem erreichte sie in der Rechtschreibung keine ausreichenden Leistungen. In anderen Schulfächern, in denen sie immer sehr gut war, wurden ihre Leistungen auch immer schlechter.

Ihre Klassenkameraden verloren ihr Interesse an ihr, der Deutschlehrer unterstützte sie nicht.

Marias Mutter ist sehr besorgt, da Maria sich so stark verändert hat. Sie sucht Rat bei einer Kinder- und Jugendpsychiaterin. Dort schildert sie ihre Sorgen und Beobachtungen. Die Kinder- und Jugendpsychiaterin bittet um die Vorstellung von Maria. Als die Mutter Maria ihren Wunsch vorträgt, sie möge mit ihr gemeinsam zur Kinder- und Jugendpsychiaterin gehen, zögert das Mädchen zunächst. Sie verstehe nicht, was das solle, denn sie sei doch nicht psychisch krank. Letztlich willigt Maria jedoch in die Untersuchung bei der Kinder- und Jugendpsychiaterin ein. Dort spricht die Psychiaterin mit Maria und führt eine Reihe von Fragenbogen-Tests durch.

Die Psychiaterin stellt eine beginnende depressive Episode bei Maria fest. Sie rät zu einer kinder- und jugendlichen psychotherapeutischen Behandlung.

Ein Teil der Legastheniker entwickelt eine depressive Störung. Diese Störung ist gekennzeichnet durch eine traurige Grundstimmung, negative Selbsterwartung, fehlende Lebensperspektive, häufiges Weinen ohne Anlass. Hinzu kommen eine Reihe von körperlichen Auffälligkeiten: z.B. Gewichtsverlust und Schlafstörungen. Nicht selten entwickeln diese Kinder Selbstmordgedanken.

Legasthenie und psychosomatische Symptome

Kinder, die morgens vor der Schule über starke Kopf- und/oder Bauchschmerzen klagen, in den Ferien aber diese Probleme überwiegend nicht zeigen, sind nicht selten legasthen (siehe Fallbeispiel auf S. 14). Häufig stehen diese Beschwerden in direktem Zusammenhang mit schulischen Anforderungen, z.B. mit einem angekündigten Diktat. Aber auch eine belastende schulische Situation, z.B. mangelndes Verständnis des Lehrers für die Problematik des legasthenen Kindes, kann Auslöser der körperlichen Symptome sein. Wenn das Kind wiederholt erlebt hat, dass es aufgrund seiner schlechten Rechtschreibleistung in der Klasse bloßgestellt wird, so entwickelt es ein Schule vermeidendes Verhalten.

Dadurch, dass die körperlichen Symptome, wie z.B. morgendliches Erbrechen oder Bauchschmerzen, an eine organische Erkrankung denken lassen, werden die Kinder zunächst vom Kinderarzt untersucht. Die Untersuchung des Kindes erbringt häufig keinen auffälligen Befund, so dass dann der Zusammenhang zwischen der Schule und den Kopf- und Bauchschmerzen in Betracht gezogen werden sollte. Wenn wiederholt die Symptome morgens vor der Schule auftreten und keine organische Ursache vorliegt, so ist dies ein ernstzunehmendes Signal an die Eltern, ihr Kind eingehend z.B. kinder- und jugendpsychiatrisch untersuchen zu lassen.

Legasthenie in Fremdsprachen

Kinder mit erheblichen Problemen beim Lesen und Recht-schreiben einer Fremdsprache haben häufig auch in der Mut-tersprache Probleme damit. Leider gibt es bisher keine Anga-ben zur Häufigkeit von Schwierigkeiten, die legasthene Kin-der in Deutschland beim Lesen und Rechtschreiben in einer Fremdsprache haben.

Wenn Sie für Ihr Kind eine Schule wählen, ist das mögliche Auftreten einer Lese- und Rechtschreibstörung in den Fremdsprachen eine wichtige Entscheidungsgrundlage. Der Fremdsprachenerwerb stellt in der Regel für legasthene Kin-der eine große Herausforderung dar. Es ist deshalb wichtig, dass Eltern sich vorab in der weiterführenden Schule erkun-digen, wie dort mit dem Problem Legasthenie und Fremd-sprachen umgegangen wird.

Fallbeispiel: Soll Lukas mit Englisch oder mit Latein anfangen?

Die verschiedenen Fremdsprachen stellen aufgrund ihrer Spracheigenschaften unterschiedliche Anforde-rungen an legasthene Kinder. Wenn man die Fremd-sprachen hinsichtlich ihrer Schwierigkeiten im Be-reich der Konstanz der Laut-Buchstaben-Zuordnung für das Lesen und Buchstaben-Laut-Zuordnung für das Schreiben einordnet, so gehört Englisch mit zu den schwierigsten Sprachen, Französisch nimmt eine mittlere Position ein, Italienisch und Spanisch gehö-

ren zu den leichteren Sprachen, da in diesen Sprachen Buchstaben-Laut-Zuordnung konsistenter ist. Jedoch ist die Buchstaben-Laut-Konstanz nicht der einzige Aspekt, der eine Schwierigkeit für Legastheniker darstellt.

Englisch ist aufgrund der besonderen Anforderung der englischen Schriftsprache sicherlich besonders schwer. Andererseits ist die Bedeutung von Englisch als der vorherrschenden Fremdsprache zu berücksichtigen.

Im Französischen ist, bedingt durch die Häufigkeit ähnlich klingender Laute, eine Differenzierung für Legastheniker sehr schwer.

Die Annahme, dass Latein aufgrund seiner hohen Übereinstimmung von Laut zu Buchstaben keine Probleme für ein Kind wie Lukas darstellt, ist fraglich. Im Lateinischen besteht die Schwierigkeit darin, dass eine Buchstabenfolge exakt gelesen und gespeichert werden muss, um den Inhalt des Gelesenen zu verstehen. Da die Bedeutung einer Textpassage nicht selten durch wenige Buchstaben entscheidend verändert werden kann, ist ein sehr genaues Lesen notwendig. Lukas wird beim Übersetzen aus dem Lateinischen kaum auf Kontextinformationen zurückgreifen können, die zum Textverständnis im Deutschen oder Englischen möglich sind.

Kinder mit einer Legasthenie benötigen auch im Fremdsprachenunterricht intensive Unterstützung und Lernmethoden, die das Vorhandensein einer Legasthenie berücksichtigen.

Eine spezifische Förderung, die bisher jedoch kaum angewendet wird, ist sehr sinnvoll.

Im rechtlichen Rahmen, festgelegt durch die Erlasse und Verwaltungsvorschriften der Kultusministerien der Bundesländer, wird die Legasthenie im Fremdsprachenerwerb in nur wenigen Bundesländern berücksichtigt. Am bedauerlichsten ist dabei, dass es auch noch keine unterrichtsdidaktischen Empfehlungen gibt.

Die Wahl der geeigneten Fremdsprache

Häufig fragen sich Eltern, welche Fremdsprache ihr legasthenes Kind erlernen soll. Es gibt leider nicht die Fremdsprache, die für Legastheniker geeignet ist. Soeben wurde dargelegt: Alle Fremdsprachen stellen hohe Anforderungen, denen Ihr Kind genügen muss.

Die Auswahl sollte sich daher auch nach der Lehrerpersönlichkeit richten. Wenn ein Fremdsprachenlehrer Verständnis für die Legasthenie hat, ist unabhängig von der Neigung des Kindes eventuell dieser Unterricht zu bevorzugen.

Ein anderer Aspekt sind die Vorlieben Ihres Kindes: Hat es eine besondere Beziehung zu einer Sprache? Möchte es z. B. mit der italienischen Oma in ihrer Muttersprache korrespondieren, später einmal durch Frankreich reisen oder die englischsprachigen Texte des Lieblings-Popstars richtig verstehen? Dann sollte dies berücksichtigt werden, um die Lernmotivation zu erhalten.

Legasthenie im Erwachsenenalter

Die Leseschwierigkeiten legasthener Erwachsener zeigen sich deutlich in einer verlangsamten Lesegeschwindigkeit und einem beeinträchtigten Leseverständnis. Alltagsanforderungen, wie z. B. das Lesen von Bedienungsanleitungen, Broschüren, Formularen, Straßenschildern, Stadtplan, Busfahrplan, Dienstanweisungen, E-Mails und längeren Texten (Büchern), stellen unter Umständen eine Belastung dar. Insbesondere das Lesen von Texten, die komplexere Wörter (zusammengesetzte Nomen, Fremdwörter) enthalten, ist erschwert. Auch bei Rechenoperationen, die das Lesen von Texten erfordern, treten die Schwierigkeiten auf. Nicht selten bereitet auch das Erlernen einer Fremdsprache große Probleme, hingegen ist die mündliche Kommunikation oft nicht beeinträchtigt.

Die Schwierigkeiten beim Schreiben zeigen sich durch viele Fehler beim Schreiben von Wörtern und Texten. Das Ausfüllen von Formularen, das Schreiben im Beruf und bei alltäglichen Anforderungen stellt für viele Betroffene eine große Hürde dar. Oft sind Anforderungen an die Schreibkompetenz, vor allem wenn sie in der Öffentlichkeit erforderlich sind, mit großer Anstrengung, Stress und wiederholter psychischer Belastung verbunden. Aus Angst vor Fehlern und sich zu blamieren werden Situationen, die Schreiben erfordern, oft vermieden und Strategien gesucht, wie entsprechende Anforderungen kompensiert werden können.

Wo finden legasthene Erwachsene einen kompetenten Ansprechpartner?

Klaus Meier hat bereits als Jugendlicher erheblich unter seiner Legasthenie gelitten. Dank einer jahrelangen, intensiven Unterstützung gelang es ihm, das Abitur zu erreichen. Hierzu gehörten in erster Linie seine Eltern, die ihm über die vielen Jahren immer den Rücken gestärkt haben. Die Möglichkeit, ein Internat mit einem Förderzentrum für Legastheniker und eine Schule besuchen zu dürfen, in deren Klassen immer 3 bis 4 Kinder mit einer Legasthenie waren und die Lehrkräfte sich sehr gut mit dieser Störung auskannten, ist die Voraussetzung gewesen, um einen begabungsgerechten Schulabschluss zu erreichen. Sein Wunsch war, Medizin zu studieren. Durch Los kam er an einen Studienplatz.

Das Lernen fällt ihm nicht schwer, jedoch das Lesen des umfangreichen Lernstoffs. Mit Hilfe einer Computersoftware und eines Scanners lässt er sich den Text vorlesen. Dies erleichtert es ihm sehr, sich die große Menge an Fachwissen anzueignen. Nun droht die erste schriftlichen Prüfung, die typischerweise Multiple-Choice Fragen enthält. Bereits bei den Probeklausuren merkt Klaus Meier, dass er die Prüfung nie schaffen wird, da er viel mehr Zeit benötigt, um die Fragen, die sehr ähnlich formuliert sind, in der zur Verfügung stehenden Zeit zu lesen. Er geht zur Studentenberatung, wo er erfährt, dass sich dort niemand mit Legasthenie auskennt. Er fragt dann seinen Hausarzt, der

*ihm leider auch nicht weiterhelfen kann. Ein Mitstu-
dent gibt ihm den Tipp, bei der Behindertenbeauftrag-
ten der Universität nachzufragen. Hier erfährt Herr
Meier, dass bereits Studenten an anderen Universitä-
ten einen Zeitaufschlag zur Prüfungszeit bekommen
haben. Allerdings ist das Vorliegen einer Legasthenie,
die ärztlich bestätigt wurde, notwendig. Herr Meier
fragt bei Fachärzten und Psychotherapeuten nach, jedoch kennt sich niemand mit der Diagnostik im Erwachsenenalter aus. Schließlich findet er einen Kin-
der- und Jugendpsychiater, der auch die Diagnostik im
Erwachsenenbereich anbietet. Dort wird eine ausführliche Diagnostik durchgeführt, und Herr Meier erhält
sein ärztliches Attest.*

Diagnostik im Erwachsenenalter

Erst seit kurzer Zeit liegen normierte Rechtschreibtests für
das Erwachsenenalter vor, die es ermöglichen, die Rechtschreibung eines Erwachsenen mit der einer großen Stichprobe von Erwachsenen zu vergleichen. Diese Tests überprüfen, vergleichbar den Tests im Kindesalter, anhand von
Lückendiktaten z. B. die Groß- und Kleinschreibung, Konso-
nantenverwechselung, Getrennt- und Zusammenschreibung,
Dehnungs- und Schärfungsfehler und die Schreibung von
Fremdwörtern. Im Wesentlichen werden aber die Problem-
bereiche, die bereits im Kindesalter von großer Bedeutung
waren, auch im Erwachsenenalter überprüft.

Zu den aktuell vorliegenden Tests gehören der *Rechtschreib-test* (RST NRR, Bulheller et al. 2005), der für die Altersgrup-pe der Vierzehn- bis Sechzigjährigen angewandt werden kann, und der *Rechtschreibungstest* (Kersting und Althoff 2004), der für Fünfzehn- bis Dreißigjährige normiert ist. Für die Überprüfung der Lesefähigkeit gibt es keine nor-mierten Verfahren, so dass zurzeit leider keine Diagnostik anhand eines standardisierten und normierten Verfahrens möglich ist.

Wie viele Erwachsene sind betroffen?

Die der Legasthenie zugrundeliegende Störung ist Teil des betroffenen Menschen, und sie oder er muss mit ihr leben. Aufgrund des chronischen Verlaufs können Sie davon ausge-hen, dass auch im Erwachsenenalter die Legasthenie häufig ist. Auch dazu gibt es Untersuchungen. Aktuelle internatio-nale Studien zum Vergleich der Lese- und Rechtschreibfä-higkeiten wie z.B. PISA zeigten, dass die Lesekompetenz deutscher 15-jähriger Schüler recht gering ist. Im Vergleich mit den deutschsprachigen Nachbarländern Österreich und Schweiz erreichten in Deutschland besonders viele Schüler lediglich die beiden niedrigsten Lesekompetenzstufen. Nach Haffner et al. (1998) haben ungefähr 5% der deutschen Er-wachsenen das Rechtschreibniveau von Viertklässlern. Internationale Studien zur Evaluation der schulischen Ent-wicklung (IEA, *International Association for the Evaluation of Educational Achievement*) besagen, dass 1,4% der Achtklässler als funktionale Analphabeten einzuschätzen sind. Auch amerikanische Untersuchungen bestätigen den recht hohen Anteil (ca. 5–10 %) an Erwachsenen, die aufgrund ihrer Leseschwäche nicht in der Lage sind, alltagsrelevante Informationen aufzunehmen (z. B. in der Zeitung).

Selbst unter Hochschulstudenten ist die Anzahl der Legastheniker recht hoch, auch wenn hierfür bis heute keine repräsentativen Daten vorliegen. Bei Umfragen des deutschen Studentenwerks bezeichnete sich 1 % der deutschen Studenten als lese- und/oder rechtschreibschwach. Einzelne Biographien zeigen aber auch, dass Legastheniker trotz Rechtschreibstörung Hochschulprofessoren geworden sind. Mit Unterstützung von Computerprogrammen, mit Hilfe eines Sekretariats und guter Freunde haben sie es geschafft, mit ihrer Schwäche erfolgreich in der Forschung und in der Lehre zu sein.

Auswirkungen auf die seelische Gesundheit

Die psychische Entwicklung der Betroffenen ist oft bestimmt durch ein geringes Selbstwertgefühl, eine geringe Frustrationstoleranz und z. T. ein negatives Selbstbild mit einer pessimistischen Zukunftserwartung. Die ständige Auseinandersetzung mit den schulischen Anforderungen und den eigenen Leistungen, dazu nicht selten der Vorwurf mangelnder Leistungsbereitschaft stellen besondere psychische Belastungsfaktoren dar.

Die Abbildung unten zeigt die Verzweiflung eines jungen Legasthenikers, der sehr unter seiner Legasthenie leidet.

18	Meine Nerven	_sind_ blank.
19	Andere Leute	_siend_ so gut in der Schule.
20	Ich leide	_unter_ Wahrnemungstörung.
21	Ich versagte	_in_ der Schule.
22	Lesen	_benötigt_ viel ~~zet~~ Zeit.
23	Mein Verstand	_existirt_ nicht mehr.
24	Die Zukunft	_wird_ schrecklich sein.
25	Ich brauche	_meine_ Freunde.

Ausschnitt aus einem Test eines 15-jährigen Legasthenikers

Hilfen für Legastheniker im Erwachsenenalter

Im Erwachsenenalter treten, oft durch die belastenden Erlebnisse in der Ausbildung, im Beruf und zum Teil auch in der Partnerschaft bedingt, psychische Störungen auf. Im Vordergrund stehen Angststörungen, depressive Störungen, zum Teil Alkohol- und Drogenmissbrauch. Daher benötigen erwachsenen Legastheniker nicht selten psychotherapeutische Hilfen, um besser die Herausforderungen des Alltags bewältigen zu können und mit der spezifischen Anforderungssituation in der Ausbildung und im Beruf zurechtzukommen. Diese Hilfen sollten möglichst frühzeitig in Anspruch genommen werden, nicht erst dann, wenn die Beeinträchtigung so ausgeprägt ist, dass die Arbeit nicht mehr fortgesetzt werden kann.

Wo gibt es Hilfe, wenn man keinen Ausweg mehr weiß?

Katharina Müller arbeitet in einer Arztpraxis als Arzthelferin. Sie ist zunehmend verzweifelt, da ihr Chef sich über ihre Fehler bei der Rechtschreibung lustig macht. Sie hatte beim Einstellungsgespräch verschwiegen, dass sie Legasthenikerin ist. Aus Angst, die begehrte Stelle nicht zu bekommen, hat sie nicht den Mut gehabt, ihr Handicap anzusprechen. Nun kommt Frau Müller immer mehr unter Druck, weil auch die Kolleginnen sie meiden und hinter ihrem Rücken über sie sprechen. Frau Müller entwickelt zunehmend Angst, wenn sie aufgefordert wird, den Befundbericht aufzuschreiben. Der Zahnarzt diktiert ihr meist schnell seine Beobachtungen, die sie auf der Karteikarte eintragen soll. Letztlich sollte sie nach Dienstschluss alle Karteikarten neu schreiben, da sie so viele Fehler beim Schreiben gemacht hatte. Der Arzt droht ihr nun, dass er sie nicht weiter beschäftigen kann. Die Angst wird nun so stark, dass Frau Müller Schlafstörungen entwickelt. Ihr Appetit ist kaum noch vorhanden, sie trifft sich selten mit ihren Freundinnen. Die

107

einzige gute Freundin, die ihr noch geblieben ist, gibt Frau Müller die Empfehlung, zu einer Psychotherapeutin zu gehen. In ihrer Not ruft Frau Müller bei der Psychologin an, die ihr ihre Freundin empfohlen hat. Nach zwei Erstgesprächen findet Frau Müller die Psychotherapeutin sehr nett und kann dort erstmals über die belastende Situation am Arbeitsplatz sprechen. Sie lernt dort, besser mit ihren Gefühlen umzugehen. Unter diesem therapeutischen Schutz traut sie sich auch, mit ihrem Chef zu sprechen. Sie ist sehr überrascht, wie verständnisvoll der Zahnarzt mit ihrer Legasthenie umgeht.

Für die Förderung im Lesen und in der Rechtschreibung liegen keine spezifischen Konzepte für Erwachsene vor. Im Wesentlichen müssen die schriftsprachlichen Anforderungen bewältigt werden, die bereits im Kindes- und Jugendalter gestellt wurden. Daher sind auch für Erwachsene Förderkonzepte geeignet, die im Kindes- und Jugendalter eingesetzt werden. Lediglich der Wortschatz, der den Förderprogrammen im Kindesalter zugrunde gelegt wird, ist nicht mehr adäquat für die Anforderungen im Erwachsenenalter. Insbesondere der berufsspezifische Wortschatz bedarf besonderer Aufmerksamkeit.

Die in Deutschland angebotenen Kurse zur Alphabetisierung oder Kurse der Volkshochschulen zum Erlernen des Lesens und Rechtschreibens richten sich meist nicht an Legastheniker, sondern an Personen, die entweder aufgrund fehlender Sprachkompetenzen im Deutschen oder aufgrund ihrer so-

zialen Entwicklung nicht die Möglichkeiten hatten, ausreichend die Schule zu besuchen. Die besonderen Lernschwie-
rigkeiten beim Erlernen des Lesens und Rechtschreibens, die
überwiegend bei Menschen mit einer Legasthenie vorliegen,
werden in diesen Kursen nicht berücksichtigt.

Ursachen der Legasthenie

Lange suchte man die Ursachen der Legasthenie in der visuellen oder akustischen Wahrnehmung oder im familiären Umfeld. Im 21. Jahrhundert versteht man sie als ursächlich komplexe Störung. Das bedeutet, dass neurobiologische Ursachen vorliegen, deren Bedeutung aber durch Umweltfaktoren beeinflusst wird.

Es werden sehr verschiedene Ursachen der Legasthenie angenommen. Die neurobiologisch orientierte Forschung der
letzten Jahre hat viele neue, wichtige Erkenntnisse gebracht,
so dass die zentralnervöse Verarbeitung von auditiver und visueller Information bei der Legasthenie heute viel klarer gesehen werden kann (siehe Abbildung auf S. 113).

Seit den ersten Fallbeschreibungen im 19. Jahrhundert
forscht man nach den Ursachen der Legasthenie.

Zunächst glaubte man an Funktionsstörungen des Auges. Da
jedoch nur in Einzelfällen solche Störungen nachweisbar waren, wurde diese These verworfen und im Bereich der akustischen Wahrnehmung nach der Ursache gesucht. Diese Forschung wurde im Wesentlichen durch Mediziner und Psychologen durchgeführt. Die pädagogische Forschung stellte
in den 60 Jahren des letzten Jahrhunderts die Bedeutung der
Familie in den Vordergrund.

Heute geht man davon aus, dass kein einzelner Faktor eine
Legasthenie verursacht. Sie wird von verschiedenen relevanten Einflussfaktoren bestimmt und ist nicht als ein einheitli-
ches Störungsbild zu verstehen. Im Gegenteil ist von einem
komplexen Geschehen auszugehen, bei dem verschiedene
Faktoren zusammenwirken.

Vererbung oder Umwelt?

Durch die neuen Methoden der genetischen Forschung haben genetische Faktoren an Bedeutung gewonnen. Es ist heute bereits möglich, Gene zu beschreiben, die wahrscheinlich für die Entstehung der Legasthenie relevant sind.

Trotzdem ist Legasthenie nichts einfach Gegebenes, gegen das man machtlos wäre. Eine Reihe von Umweltfaktoren beeinflusst die Entwicklung der Lese- und Rechtschreibfähigkeit. Hierzu gehört der Einfluss von Schule, dessen Bedeu-

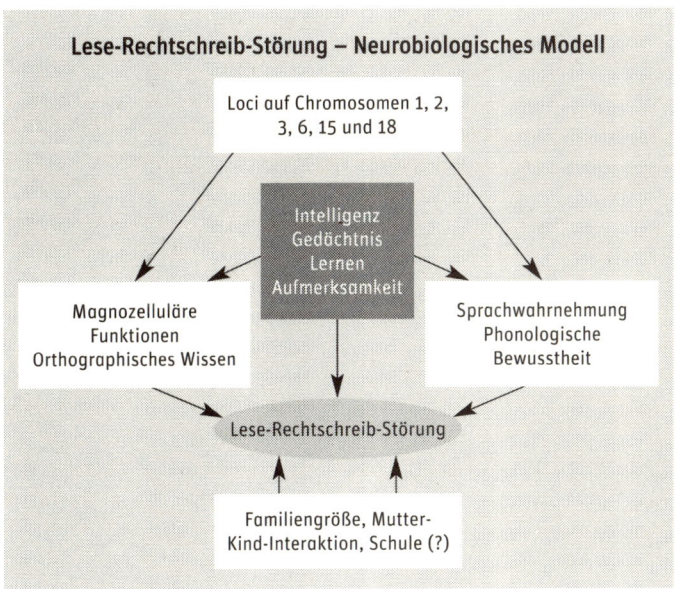

Ursachen für die Entstehung einer Legasthenie

tung nicht zuletzt durch die kürzlich veröffentlichten Ergebnisse der internationalen Bildungsvergleichsstudien *PISA (Program for International Student Assessment)* und *IGLU (Internationale Grundschul-Lese-Untersuchung)* gezeigt wurde.

Die Bedeutung von familiären und soziokulturellen Faktoren wurde in den 60er und 70er Jahren des letzten Jahrhunderts als sehr bedeutend eingeschätzt. Die aktuelle Forschung hat aber gezeigt, dass der Einfluss dieser Faktoren auf die Lese- und Rechtschreibfähigkeit gering ist, so dass familiäre Faktoren für die Entstehung einer Legasthenie nur noch im Sinne der Genetik eine Rolle spielen.

Genetische Untersuchungen

Bereits im 19. Jahrhundert haben britische Augenärzte Familien untersucht, in denen eine Leseschwäche in drei Generationen auftrat. Da die Betroffenen keine Einschränkung der Sehfunktionen aufwiesen und somit keine Ursache aus augenärztlicher Sicht vorlag, wurde die Störung als erbliche Wortblindheit beschrieben.

Die in der Abbildung auf Seite 116 gezeigten Beispiele zeigen, dass die Legasthenie, ausgehend von der Urgroßelterngeneration, in allen nachfolgenden Generationen auftritt. Weibliche und männliche Familienmitglieder sind nahezu gleich häufig betroffen. An dem Beispiel sieht man auch, dass nicht selten legasthene Erwachsene zueinander finden und – möglicherweise, weil sie selbst wissen, was es bedeutet, mit einer Legasthenie zu leben, gerade deshalb – eine Partnerschaft mit einem Legastheniker eingehen.

Ein familiär gehäuftes Auftreten der Legasthenie wurde in der Folgezeit in großangelegten Familienstudien wiederholt gefunden. Ausgehend von einem legasthenen Kind, wurde bei ca. 50% der Eltern und Geschwister ebenfalls eine Legasthenie gefunden. Neuere Untersuchungen zeigen, dass das Risiko für ein Geschwisterkind, ebenfalls eine Legasthenie zu entwickeln, um das 3,2-Fache erhöht ist.

Das Muster der Vererbung in den Familien entspricht in einzelnen Familien einem sogenannten dominanten Erbgang. Bei einem solchen Erbgang ist die Wahrscheinlichkeit, dass ein Kind eines betroffenen Elternteils ebenfalls diese Störung

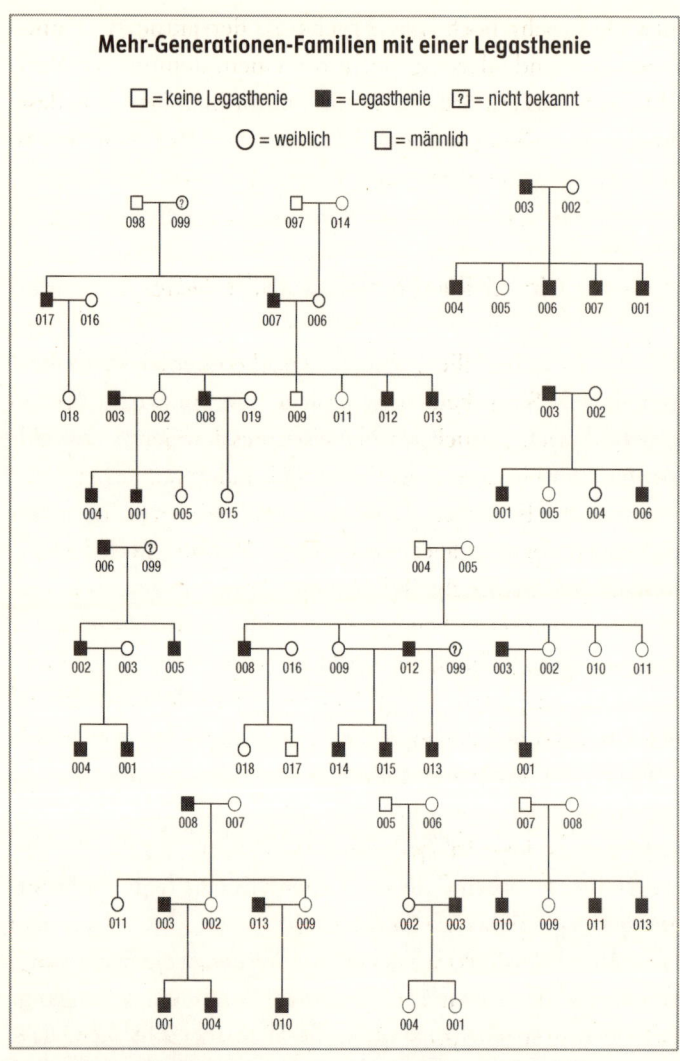

Stammbäume von Familien, in denen Legasthenie gehäuft auftritt

entwickelt, sehr hoch. Die Ergebnisse der aktuellen Familienstudien sind allerdings nicht mit einem dominanten Vererbungsmodus erklärbar. Deshalb nimmt man heute an, dass bei der Vererbung der Legasthenie ein Zusammenwirken von mehreren Genen stattfindet.

Die Zwillingsforschung hilft weiter

Wenn in Ihrer Familie mehrere Legastheniker leben, ist daraus nicht mit Sicherheit auf genetische Faktoren zu schließen. Es könnte sich ja auch ein gemeinsames familiäres Umfeld ebenfalls auf die Lese- und Rechtschreibfähigkeit auswirken. Die genauere Bedeutung der Genetik für die Legasthenie gelingt durch den Vergleich von eineiigen Zwillingen, die genetisch nahezu identisch sind, mit zweieiigen Zwillingen, die einander genetisch genauso ähnlich sind wie Geschwister.

Dazu wird die Erblichkeitsziffer geschätzt. Diese liegt zwischen 0 % und 100 %. 100 % bedeutet, dass die Legasthenie ausschließlich auf genetische Faktoren zurückgeführt werden kann, 0 % hingegen schließt genetische Faktoren aus.

Das Ergebnis: halb Anlage, halb Umwelt

Die Erblichkeitsziffer für die Legasthenie liegt bei 50 % bis 60 %; für die Rechtschreibleistung ist sie tendenziell sogar höher. Genetischen Faktoren kommt also eine große Bedeutung für die Legasthenie zu. Zusätzlich spielen andere, nicht genetische Faktoren eine große Rolle, denn es sind bis zu 50 % der Ursachenfaktoren nicht genetisch.

Welche Umweltfaktoren von Bedeutung sind, wurde bisher in Zwillingsstudien kaum untersucht. Neben den Einflussfaktoren wie z. B. der schulischen Unterrichtung und schulischen Förderung spielen familiäre Faktoren eine Rolle. Von den familiären Faktoren sind insbesondere die Lese- und Rechtschreibprobleme der Eltern und der emotionale Umgang der Eltern mit dem Kind bei schulischen Aufgaben von Bedeutung.

Ergebnisse der Genomforschung

In den letzten Jahren wurde verstärkt nach den molekulargenetischen Ursachen der Legasthenie gesucht. Durch einen Zufallsbefund erlangte zuerst eine Region auf dem Chromosom 15 besonderes Interesse: In mehreren amerikanischen Familien war bei den leseschwachen Familienmitgliedern ein bestimmtes Muster der genetischen Information verändert. Mittlerweile kennt man verschiedene Regionen des menschlichen Genoms, in denen bei der Legasthenie Veränderungen gefunden wurden. Zu diesen Regionen gehören Abschnitte auf den Chromosomen 1, 2, 3, 6, 15 und 18. Bisher wurden insgesamt vier Gene auf verschiedenen Chromosomen (3, 6, 7, 15) entdeckt, von denen bei Kindern und Erwachsenen mit einer Legasthenie ein bestimmtes Muster gefunden wurde. Die Untersuchungen zur Bedeutung dieser Gene zeigt, dass alle vier Gene bei der frühen Hirnreifung, also zu der Zeit, wenn sich die einzelnen Hirnregionen ausbilden und Verbindungen untereinander entstehen, eine wichtige Funktion bei

Ausbildung der Vernetzungen der einzelnen Nervenzellen spielen. Auch wenn diese Gene nicht nur in bestimmten Gehirnregionen diese Vernetzung der Neurone beeinflussen, so finden sich diese Gene auch in den Hirnregionen, die wichtige Funktionen beim Schriftspracherwerb übernehmen.

Was kann die Genomforschung bringen?
Die Hoffnung der genetischen Forschung ist, anhand von Veränderungen an einzelnen Genorten möglichst frühzeitig Kinder zu entdecken, die ein Risiko für die Entwicklung einer Legasthenie haben. Falls es gelänge, spezifischen Formen der Legasthenie Veränderungen auf der molekulargenetischen Ebene zuzuordnen, wäre es möglich, Legasthenie frühzeitig zu diagnostizieren und die Voraussetzungen für das Lesen- und Schreibenlernen beizeiten zu verbessern.

Vor allem wäre es dann möglich, das Gehirn in sensiblen Entwicklungsphasen so zu fördern, dass die neurobiologischen Voraussetzungen für den Schriftspracherwerb verbessert würden. Angenommen, man fände ein Gen für eine spezifische Form der Legasthenie, die durch Sprachwahrnehmungsdefizite gekennzeichnet wäre. Dann könnte man sehr früh eine Entwicklungsphase des kindlichen Gehirns, in der eine hohe Sensitivität für die Sprachwahrnehmung vorliegt, nutzen und versuchen, mit entsprechenden Trainings die Sprachwahrnehmung zu fördern.

Neurobiologische Untersuchungen

Auch wenn bis heute die genetischen Verursachungsfaktoren noch nicht verstanden sind, so ist es sehr wahrscheinlich, dass die relevanten Gene auf bestimmte Gehirnfunktionen Einfluss ausüben. Zu diesen Funktionen gehören das Sehen und das Hören.

Beim Sehen und Hören unterscheiden wir eine periphere von einer zentralen Verarbeitungsebene. Eine Fehlsichtigkeit ist zwar eine Einschränkung der Sehtüchtigkeit, kann aber durch eine Brille weitestgehend korrigiert werden und zählt zu den peripheren Sehstörungen. Gesichtsfeldausfälle, die dazu führen, dass nur ein bestimmter Anteil des Sehfeldes wahrgenommen wird, obwohl die Augen voll funktionstüchtig sind, gehören dagegen zu den zentralen Sehstörungen. Diese Unterscheidung kann man auch für die auditive Wahrnehmung treffen.

Fallbeispiel Mittelohrentzündung: Ursache einer Sprachentwicklungsverzögerung?

Eine sehr häufige Ursache von kindlichen Hörstörungen ist die Mittelohrentzündung (Otitis media), die meist recht unkompliziert wieder abheilt. Manchmal wiederholt sich die Erkrankung aber auch häufig (drei- bis viermal in sechs Monaten) und kann dann die Hörwahrnehmung deutlich beeinträchtigen. Vor allem in den sensiblen Phasen der Sprachentwicklung in den ersten Lebensjahren wird dadurch die Schall-

121

leitung manchmal so stark beeinträchtigt, dass die Unterscheidung von einzelnen Lauten erheblich erschwert wird.

Allerdings ist trotz der Häufigkeit die Diagnostik nicht ganz einfach, und es werden nicht selten Fehldiagnosen gestellt. Folgende Symptome können auf das Vorliegen einer Mittelohrentzündung hinweisen: Husten, Schnupfen, Reizbarkeit, Appetitlosigkeit, Fieber, Kopfschmerzen, Schmerzen im Ohr, Druck im Ohr, eine Hörminderung (über die allerdings kleine Kinder selten berichten).

Bei Verdacht sollten Sie einen Kinderarzt bzw. Pädaudiologen aufsuchen, um eine angemessene Diagnostik und Therapie durchzuführen.

Warum ist diese Unterscheidung so wichtig? Sowohl für die Ursachenforschung als auch für die klinische Diagnostik ist eine differenzielle Erfassung der Probleme des legasthenen Kindes notwendig. Eine für das Kind sinnvolle Therapie kann erst dann empfohlen werden, wenn klar ist, ob eine Wahrnehmungsstörung – und ggf. welche Form einer Wahrnehmungsstörung – vorliegt.

Nachfolgend wird dargestellt, welche Wahrnehmungsstörungen bei der Legasthenie bereits gefunden wurden (siehe Abbildung rechts). In dem Kapitel zu Förderung und Therapie finden Sie ab Seite 161 noch mehr zur Bedeutung der Therapie von Wahrnehmungsstörungen.

Neben der auditiven und visuellen Wahrnehmung spielt möglicherweise auch die taktile Wahrnehmung eine Rolle als

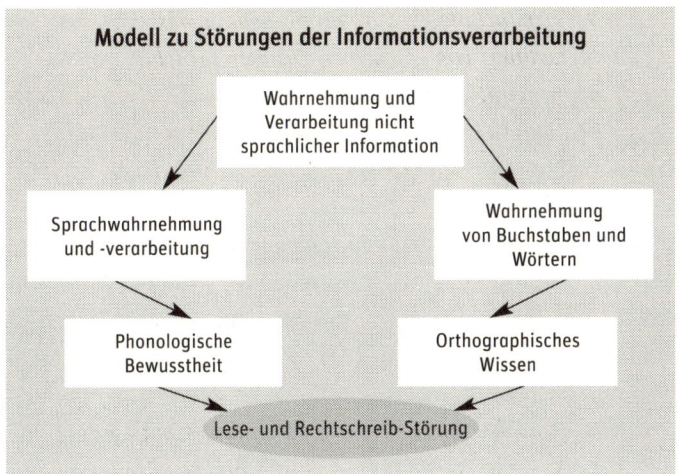

Modell zu Störungen der Informationsverarbeitung

Wahrnehmung und
Verarbeitung nicht
sprachlicher Information

Sprachwahrnehmung
und -verarbeitung

Wahrnehmung
von Buchstaben und
Wörtern

Phonologische
Bewusstheit

Orthographisches
Wissen

Lese- und Rechtschreib-Störung

Erweitertes Ursachenmodell der Legasthenie

Ursache für die Legasthenie. Zu diesem Problem gibt es bisher nur vereinzelte Untersuchungen. Da es sich nur um einzelne Studien handelt und die Ergebnisse bisher noch nicht bestätigt wurden, soll hier nicht näher darauf eingegangen werden. Allerdings gibt es aufgrund dieser Arbeiten Hinweise, dass auch die taktile Wahrnehmung bei Legasthenikern gestört sein kann.

Störungen der auditiven Wahrnehmung

Oft wird legasthenen Kindern aufgrund einer zentralen auditiven Wahrnehmungsstörung ein Wahrnehmungstraining empfohlen. Diese Maßnahmen sind jedoch nicht hilfreich –

weil der Nachweis über den Zusammenhang zwischen einzelnen Bereichen der auditiven Wahrnehmung und Lesen und Rechtschreiben empirisch nicht abgesichert ist. Um die Bedeutung solcher Therapien besser zu verstehen, möchte ich Ihnen die biologischen Grundlagen dazu vorstellen.

Die Grundlagen der Sprachwahrnehmung

Die Wahrnehmung und Unterscheidung von Sprache stellt eine höchst komplexe Anforderung an das Gehirn dar. Die Abbildung auf der rechten Seite zeigt Ihnen in einer Grafik wesentliche Komponenten der Sprache. Hierzu gehören so genannte Formanten. Auf der y-Achse der Grafik sehen Sie die Frequenzen aufgetragen. Der Frequenzbereich der menschlichen Hörwahrnehmung ist zwar sehr groß und liegt zwischen 16 und 20 000 Hz, aber besonders gut hören wir in einem Bereich um 4000 Hz. Auf der y-Achse sehen Sie nun zwei Frequenzen (1000 und 2000 Hz) hervorgehoben. Auf der x-Achse sehen Sie den zeitlichen Verlauf der Sprachreize. Hiermit ist gemeint, dass Sprachreize eine gewisse Dauer haben. Die Beschriftung bei dieser Achse endet bei 200 Millisekunden.

In der Grafik sind drei Linien durchgehend eingezeichnet, nämlich die Linie des /da/, /ba/ und /ga/. Der Beginn der Linien für die drei Reize ist unterschiedlich, alle drei Linien enden aber am selben Punkt, dies ist das Ende des Unterschieds zwischen den drei Reizen. Ab diesem Punkt beginnt der Vokal /a/, dessen Verlauf bei allen drei Sprachreizen gleich ist. Diese Linien nennt man auch Formanten, den zeitlichen Verlauf der Linien Transition.

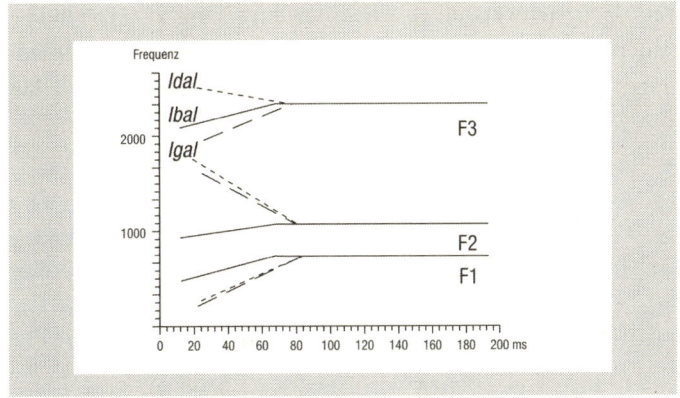

Grafische Darstellung von Sprachreizen (Quelle: Schulte-Körne 2001)

Warum erkläre ich Ihnen das alles? Anhand dieser Abbildung will ich Ihnen verdeutlichen, in welchem kurzen Zeitfenster, nämlich zwischen 20 und 80 Millisekunden, sich der Unterschied zwischen den drei Sprachreizen abbildet. Dies bedeutet, das Gehirn muss diese zeitlichen Verläufe in einer unglaublichen Geschwindigkeit unterscheiden.

An diesem Aspekt setzt die wissenschaftliche Ursachendiskussion an: nämlich an der Frage, ob Legastheniker in der Lage sind, zeitlich kurze Reize voneinander zu unterscheiden. Dabei geht es nicht um Sprache, sondern nur um die Wahrnehmung von Reizen bzw. Folgen von Reizen.

Untersuchungen zur Reizwahrnehmung

Um die auditive Wahrnehmung genauer zu untersuchen, haben wir jugendlichen Legasthenikern einfache Töne über Kopfhörer vorgespielt, während sie einen Stummfilm sahen.

Ihre Aufgabe war, sich den Film genau anzusehen – nicht aktiv die Töne zu unterscheiden. Während sie den Film sahen, registrierten wir die Gehirnaktivität. Die Gegenüberstellung der Aktivierung der Gehirnregionen von Legasthenikern zu nicht betroffenen Jugendlichen zeigte, dass die Gehirnaktivität in beiden Gruppen vergleichbar war. Dies bedeutet, dass das Gehirn der Legastheniker sehr gut kurze Sinustöne unterscheiden kann.

Nun könnte es ja sein, dass die Unterscheidung der Sinustöne nicht der bedeutende Aspekt ist, sondern die Wahrnehmung von Reizen über einen kurzen Zeitraum bedeutsam ist. Dazu haben wir legasthene Kinder und Erwachsene untersucht. Über Kopfhörer bekamen sie ein Rauschen zu hören, das durch eine Lücke unterbrochen wurde. Die Aufgabe bestand darin, die Lücke im Rauschen zu hören und eine Taste zu drücken. Wenn die zeitliche Verarbeitung von nicht sprachlichen Reizen bei Legasthenikern gestört ist, dann müsste bei den Legasthenikern die Lücke im Rauschen größer, sprich: länger sein, um wahrgenommen zu werden, als bei den Nicht-Betroffenen.

Dies haben wir untersucht und fanden weder bei den legasthenen Kindern noch bei den legasthenen Erwachsenen einen Hinweis auf ein zeitliches Verarbeitungsdefizit.

Was bedeuten die Untersuchungsergebnisse?

Wenn die Grundlagenforschung nicht zeigen kann, dass zeitliche Verarbeitung von nicht sprachlichen Reizen mit Lesen und Rechtschreiben zusammenhängt, dann ist es auch nicht notwendig und sinnvoll, solche Fähigkeiten zu trainieren.

Es ist umstritten, ob die Wahrnehmung von nicht sprachlichem Material, z. B. die Unterscheidung von einfachen Sinustönen, für die Legasthenie wirklich Bedeutung hat. Die Untersuchungsergebnisse hängen hier offenbar wesentlich von dem verwendeten Reizmaterial und der Versuchsanordnung ab, mit der die Wahrnehmungsstörung untersucht wurde. Wird nicht sprachliches Material verwendet, wie z. B. einfache Töne, so arbeitet das Gehirn bei Legasthenikern nicht anders. Wenn aber Aufgaben gestellt werden, die beispielsweise auch das aktive Erinnern von bereits Gelernten erfordern, dann finden sich Unterschiede.

Ebenso widersprüchlich sind auch die Befunde zur Wahrnehmung von Reizfolgen. Man geht davon aus, dass aufgrund der Geschwindigkeit der Abfolge von einzelnen Reizen Legastheniker nicht in der Lage sind, diese Reize zu unterscheiden, wenn sie in rascher Folge vorgespielt werden. Hingegen stellt die Unterscheidung von einzelnen Reizen, wenn sie mit größerem Abstand vorgespielt werden, kein Problem für Legastheniker dar. In der Legasthenie-Förderpraxis wird trotz dieser unklaren Forschungslage eine Reihe von Programmen angeboten, die die Unterscheidung von Klängen und Tönen trainieren.

Die wissenschaftliche Basis für diese Förderansätze ist zurzeit zu gering, um solche Therapieansätze empfehlen zu können.

Sprachwahrnehmung bei Legasthenie

Um den Lauten die richtigen Buchstaben zuordnen zu können, müssen wir die einzelnen Bestandteile der Sprache genau unterscheiden. Diese Leistung wird von bestimmten

Hirnregionen geleistet, die man bei den Aufgaben zur Sprachunterscheidung identifizieren kann.

Fallbeispiel: Sprachwahrnehmung im Labor

Marc hat zusammen mit seiner Schwester einen Termin in der Klinik und Poliklinik für Kinder- und Jugendpsychiatrie, Psychosomatik und Psychotherapie der Universität München. Seine Mutter hat sich dort gemeldet, weil bei Marc der Verdacht auf eine Legasthenie bestand. Nachdem Marc eingehend untersucht wurde und sich der Verdacht bestätigt hatte, entschied Marc mit seiner Mutter zusammen, an der Studie der Uniklinik in München teilzunehmen.

Nun sollen die Gehirnfunktionen bei der Sprachunterscheidung untersucht werden. Im Untersuchungsraum wird Marc die Aufgabe zunächst ausführlich erklärt. Auf den Kopf bekommt er ein leichtes Netz mit 128 Knöpfen, sogenannten Elektroden, welche die Gehirnaktivität registrieren. Dieses Netz ist in nur wenigen Minuten auf den Kopf gesetzt. Bevor der Test losgeht, muss Marc sich noch auf einen Stuhl setzen, und ein Gerät, in dem viele kleine Kameras installiert sind, fotografiert die Position der Elektroden auf dem Kopf.

Am Computermonitor sieht Marc nun einen Stummfilm, der ihm Spaß macht. Die Geschichten soll er sich genau anschauen und merken. Gleichzeitig hört er über den Kopfhörer Sprachreize, die wie /ü/ und /i/ klingen. Er soll nicht hinhören, sondern sich ganz auf

*den Film konzentrieren. Nach einer halben Stunde ist
der Film zu Ende, und das Netz wird wieder abge-
nommen.*

Mit dieser Untersuchungsmethode kann man bereits Babys
hinsichtlich ihrer Sprachwahrnehmung untersuchen, auch
wenn diese meist im Schlaf untersucht wurden und dabei natürlich kein Film gezeigt wurde. In einer finnischen Längsschnittstudie wurden Kinder mit einem Risiko für Legasthenie im Alter von sechs Monaten anhand dieser Methode untersucht. Bereits bei den Babys war die Hirnfunktion bei der
Sprachverarbeitung verändert. Interessant ist, dass diese frühen unterschiedlichen Aktivitätsmuster des Gehirns in einem
bestimmten Ausmaß die Lese- und Rechtschreibentwicklung
vorhersagen konnten.
Auch in unseren Untersuchungen mit erwachsenen Legasthenikern fanden wir Hinweise, dass die Gehirnaktivität
bei der Sprachverarbeitung verändert ist. Möglicherweise ist
die veränderte Sprachverarbeitung genetisch mit verursacht.
Wir verglichen die Hirnaktivität von Legasthenikern zunächst mit der ihres nicht legasthenen Geschwisters, danach
mit einem nicht verwandten Kind, das keine Schwierigkeiten
beim Lesen und Schreiben hatte. Das Ergebnis: Die Hirnak-
tivitätsmuster unter den Geschwistern waren ähnlicher als
die zwischen Legastheniker und nicht verwandter Person.
Man nimmt an, dass die beiden Geschwister aufgrund ihrer
größeren genetischen Ähnlichkeit in Bezug auf die Sprachwahrnehmung sich auch in ihren veränderten Hirnfunktionen ähnlich sind. Erst kürzlich gelang es unserer Arbeits-

gruppe, einen genetischen Mechanismus zu entdecken, der möglicherweise die Hirnfunktionen bei der Sprachwahrnehmung bei Legasthenikern beeinflusst.

Gestörte Hirnfunktionen – Ursache der Legasthenie?

Neben diesen sogenannten funktionellen Auffälligkeiten bei der Sprachwahrnehmung gibt es auch Untersuchungen zur Struktur von einzelnen Gehirnregionen bei der Legasthenie. Am bekanntesten hierzu sind die Untersuchungen zum Planum temporale.

Das Planum temporale gehört zu den Gehirnregionen, die wesentlich an der Sprachwahrnehmung und der auditiven Informationsverarbeitung beteiligt sind. Bei der überwiegenden Anzahl der rechtshändigen Menschen ist das Planum temporale der linken Gehirnhälfte größer als das der rechten, weshalb auch die linke Gehirnhälfte als die sprachdominante bezeichnet wird.

Bei einzelnen verstorbenen Legasthenikern hat man gefunden, dass die Plana temporalia beider Hemisphären gleich groß oder das Planum temporale der rechten größer als das der linken Gehirnhälfte war. Hieraus wurde die Vermutung abgeleitet, dass die auditive Wahrnehmung deshalb bei den Legasthenikern gestört ist, weil das Planum temporale der linken Gehirnhälfte nicht ausreichend entwickelt ist. Diese Gehirnasymmetrie scheint aber nur dann vorzuliegen, wenn die Legastheniker zusätzlich eine deutliche Sprachentwicklungsstörung haben.

Mittlerweile weiß man, dass es nicht eine einzelne Gehirnregion gibt, die bei Legasthenikern verändert ist. Es handelt

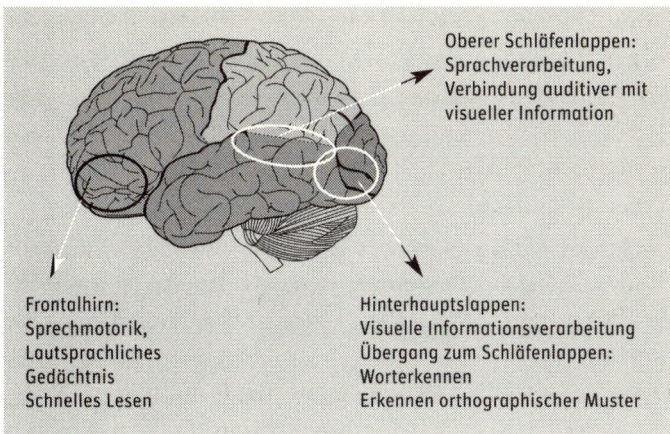

Oberer Schläfenlappen:
Sprachverarbeitung,
Verbindung auditiver mit
visueller Information

Frontalhirn:
Sprechmotorik,
Lautsprachliches
Gedächtnis
Schnelles Lesen

Hinterhauptslappen:
Visuelle Informationsverarbeitung
Übergang zum Schläfenlappen:
Worterkennen
Erkennen orthographischer Muster

Neuronales Netzwerk beim Lesen

sich vielmehr um ein Netzwerk von Gehirnarealen, deren Vernetzung und Zusammenwirken entscheidend für den erfolgreichen Schriftspracherwerb sind (siehe Abbildung oben. Hierzu gehören neben der bereits erwähnten Gehirnregion Regionen des unteren Hinterhauptslappens (Occipitalcortex) am Übergang zum Schläfenlappen (Temporalcortex). Diese Region wird visuelle Worterkennungsregion genannt und spielt eine wesentliche Rolle beim Lesen und beim Erkennen von orthographischen Regelmäßigkeiten der Schriftsprache. Bei Legasthenikern war die Gehirnregion beim Lesen deutlich verzögert aktiviert und insgesamt geringer aktiviert. Ein Grund hierfür mag in der neuronalen Organisation dieser Gehirnregion liegen.

Eine weitere, zentrale Gehirnregion ist der Vorderlappen (Frontalcortex). In dieser Gehirnregion sind Neuronenverbände, die wichtig für das Sprechen sind. Aber auch das Erinnern von Gelerntem, das Abrufen von Lernstrategien und das Planen von täglichen Aufgaben wird hier gesteuert. Alle diese Funktionen sind für das Lesen und Schreiben bedeutsam, so dass es nicht unerwartet ist, auch in dieser Gehirnregion eine Unteraktivierung bei Legasthenikern zu finden. Interessanterweise gibt es aber auch Untersuchungsergebnisse, die dort eine Überaktivierung bei Legasthenikern zeigen. Eine Erklärung hierfür ist, dass Legastheniker versuchen, die Schwächen beim Lesen zu kompensieren und daher Gehirnregionen deutlich stärker aktivieren müssen.

Störungen der visuellen Wahrnehmung

Vergleichbar den Untersuchungen zur auditiven Wahrnehmung kann man bei den visuellen Störungen verschiedene Prozessebenen unterscheiden.

Die Bedeutung der Blickbewegung

Um Wörter zu lesen, muss das Auge für kurze Momente stillstehen (Fixation), um Wörter oder Wortbestandteile (Buchstaben, Silben) auf der Netzhaut abzubilden. Um im Lesetext das nächste Wort zu lesen, führt das Auge Blicksprünge (Sakkaden) aus. Diese sind unterschiedlich weit, im Durchschnitt bis zu sieben Buchstaben. Diese Sprünge sind am häufigsten in die Leserichtung (nach rechts in der Zeile), oft springt das Auge aber auch zurück (Regressionen), fast so, als wolle das Auge kontrollieren, was es zuvor schon oder noch nicht wahrgenommen hat. Die Fixation dauert durchschnittlich 200 Millisekunden (ms), die Blicksprünge sind deutlich kürzer.

Naheliegend war es nun, die gestörten Blickbewegungen als eine Ursache der Legasthenie anzunehmen. Aber das wäre nicht richtig, denn die Blickbewegungen hängen mit der Leseerfahrung zusammen. Leseanfänger zeigen eine vergleichbare Blickbewegung wie die Legastheniker. So könnte allein die mangelnde Leseerfahrung der Legastheniker die beobachteten Auffälligkeiten erklären, ohne dass ursächlich eine Störung vorhanden ist.

Was beim Lesen geschieht

Wenn Sie lesen, werden die auf Ihre Netzhaut projizierten Wörter von zwei großen Gruppen der Nervenzellen weiterverarbeitet. Aufgrund ihrer Größe spricht man von großzelligen und kleinzelligen Nervenzellen. Diese Nervenzellen und ihre Nervenbahnen ziehen bis zum visuellen Großhirn, das im Wesentlichen den Hinterhauptslappen bildet. Die großzelligen und kleinzelligen Nervenzellen bilden Bündel von Nervenfasern, die sich weit durch das Gehirn fortsetzen.

Die Funktionen dieser Nervenbündel sind unterschiedlich. Die großzelligen Nervenzellen reagieren besonders auf schnell bewegte Reize, sind wahrscheinlich für die Erfassung von globaleren Bildinhalten verantwortlich und erfassen auch Reize mit niedrigem Kontrast. Die kleinzelligen Nervenzellen hingegen reagieren auf stehende Reize und eher auf Details und weisen eine hohe Kontrastsensitivität auf.

Aufgrund ihrer spezifischen Eigenschaften lassen sich die Funktionen der zwei unterschiedlichen Nervenzelltypen recht gut untersuchen.

Steuerung der visuellen Aufmerksamkeit

Die großzelligen Nervenzellen von Legasthenikern reagieren deutlich verlangsamt, und zwar vor allem auf sich schnell bewegende Reize. Unterstützt werden diese Befunde durch Untersuchungen an Gehirnen verstorbener Legastheniker. Man hat die Nervenzellverbände von groß- und kleinzelligen Nervenzellen genauer betrachtet und bei vielen Legasthenikern eine weniger geordnete Zellstruktur und weniger großzellige Nervenzellen gefunden.

Aber es gibt auch widersprechende Befunde, bei denen kein Funktionsdefizit großzelliger Nervenzellen bei Legasthenikern entdeckt wurde. Auch in unserem Labor wurde die Funktion der großzelligen Nerven des visuellen Systems untersucht und gezeigt, dass schnelle Reize bei Legasthenikern anders verarbeitet werden.

Fallbeispiel: Was geschieht im Gehirn bei der visuellen Wahrnehmung?

Im zweiten Teil der Untersuchung an der Uniklinik München löst Marc Aufgaben zur visuellen Wahrnehmung. Auch bei dieser Aufgabe trägt er die Haube auf dem Kopf, mit deren Hilfe die Gehirnaktivität registriert wird. Der Untersuchungsraum ist verdunkelt, damit Marc die visuellen Reize auf dem Bildschirm gut erkennen kann.

Die Aufgaben werden ihm erklärt. Auf dem Bildschirm sieht er ein kleines Kreuz, auf das er während der Untersuchung immer schauen soll. Zwischendurch erscheint ein Kreis mit Strichen, der sich mit unterschiedlicher Geschwindigkeit über den Bildschirm bewegt. Marc soll nun erkennen, in welche Richtung sich der Kreis bewegt. Bei der Bewegung nach links soll er die linke Taste der Computermaus drücken, bei einer Bewegung nach rechts die rechte Maustaste.

Marc findet die Aufgabe sehr einfach und fragt, wie es weitergeht. Bei der nächsten Aufgabe sieht er auf dem Computerbildschirm viele weiße Punkte, die sich anscheinend wahllos hin und her bewegen. Marc soll wieder genau hinschauen, denn hin und wieder würden sich einzelne Punkte gleichzeitig in eine Richtung bewegen. Dies solle er erkennen und entsprechend der Bewegung nach links oder rechts die Computermaustaste drücken. Diese Aufgabe ist nun deutlich schwieriger, da Marc nicht immer sicher ist, ob sich die Punkte gemeinsam bewegt haben.

Nach Abschluss der 10-minütigen Untersuchung fragt Marc die Untersucherin, ob man immer Bewegungen hätte sehen müssen. Sie erklärt, dass sich manchmal weniger, manchmal mehr Punkte bewegt haben und dass es wirklich schwierig sei, die Bewegung der wenigen Punkte zu erkennen.

Bisher ist jedoch ist die Verbindung der Funktionen des großzelligen Systems zum Lesen und Rechtschreiben kaum verstanden. Eine Hypothese ist, dass visuelle Aufmerksamkeit eine große Rolle für das Lesen spielt und dass das großzellige System auch eine bedeutende Funktion zur Steuerung von visueller Aufmerksamkeit hat.

Weitere Beobachtungen

Untersuchungen zur Wahrnehmung von Wörtern mit bildgebenden Verfahren zeigen bei Legasthenikern eine deutlich spätere Aktivierung des Sehzentrums. Diese Auffälligkeiten zeigen sich – das ist das Besondere – allein bei der Wahrnehmung von Wörtern, nicht bei visuellen Zeichen, die keine Buchstabeninformationen haben.

Bei der Untersuchung von Legasthenikern finden sich keine Hinweise für eine generell gestörte visuelle Wahrnehmung.

Auch die Annahme, Legastheniker würden im Lesen und Rechtschreiben typische Wahrnehmungsfehler produzieren, z.B. visuell ähnliche Buchstaben wie *b* und *p* verwechseln, lässt sich nicht beweisen. Viele als Legasthenie-typische Fehler bezeichnete Falschschreibungen treten im Verlauf der Schriftsprachentwicklung bei allen Kindern auf. Legastheniker schreiben ein Wort zwar wiederholt falsch, jedoch besteht keine Konstanz hinsichtlich der Fehler. Daher sind bisher alle Versuche, die Legasthenie anhand von Fehlerkategorien in Untergruppen aufzuteilen, gescheitert.

Beim Wortlesen werden die Hirnareale aktiviert, in denen visuelle grafische Informationen mit auditiven lautlichen Informationen gekoppelt werden (siehe Abbildung auf S. 131);

man liest also das Wort und weiß gleichzeitig, wie es klingt. Diese Koppelung findet bei Legasthenikern nicht statt: Das gelesene Wort ist sozusagen stumm.

Diese Befunde unterstreichen die Bedeutung neurobiologischer Prozesse für das Wortlesen und zeigen, dass bei der Legasthenie zentralnervöse Prozesse gestört sind.

Arbeitet das Gehirn bei der Legasthenie anders?

Das menschliche Gehirn ist für viele Funktionen des Sehens und Hörens und der Verarbeitung dieser Informationen in der Weise spezialisiert, dass die Aufgaben auf verschiedene Gehirnregionen verteilt sind, die miteinander in enger Verbindung stehen. In der Tabelle unten sind die wichtigsten Hirnregionen für den Schriftsprachprozess aufgeführt und ihre Störungen bei der Legasthenie beschrieben.

Funktionen der Gehirnregionen und Auffälligkeiten bei der Legasthenie		
Gehirnregion	Funktionen	Auffälligkeiten bei der Legasthenie
Hinterhaupts-lappen/Visu-eller Cortex	Wahrnehmung von Zeichen, Buchstaben, Farb- und Bewegungs-wahrnehmung, Wahr-nehmung von Kon-trast und Raumfre-quenz	Deutlich verzögerte Reaktion der Neurone des linken Hinterhaupts-lappens beim Lesen von Wörtern; keine geringere Aktivierung beim Unterscheiden von Zeichen; gerin-gere Aktivierung beim Erkennen von sich schnell bewegenden Reizen

Gehirnregion	Funktionen	Auffälligkeiten bei der Legasthenie
Übergang Hinterhauptslappen/Temporallappen	Verarbeitung von Wörtern, Erkennen von Wortbestandteilen und von orthographischen Regelmäßigkeiten	Geringere neuronale Aktivität bei Legasthenikern und deutlich verzögerte Aktivierung dieser Region in der linken Hemisphäre
Schläfenlappen/ Temporallappen	Wahrnehmung und Verarbeitung auditiver Informationen, von Frequenz und Amplitude von Sinustönen, von einzelnen Lauten, Lautkombinationen, Reimen und Silben	Geringere Aktivierung von Neuronen der linken Hemisphäre bei Sprachreizen (Laute, Reime, Silben)
Scheitellappen/ Parietallappen	Steuerung von Aufmerksamkeit bei auditiver und visueller Wahrnehmung, Verbindung von visueller und auditiver Information	Bei Aufgaben, die eine Buchstaben-Laut- Zuordnung und umgekehrt erfordern (auch Wortlesen), geringere Aktivierung über linke Hemisphäre; geringere Aktivierung bei Aufgaben, die eine hohe Aufmerksamkeitssteuerung erfordern
Vorderhirnlappen/ Frontallappen	Motorische Sprachsteuerung, Steuerung, Planung und Kontrolle von Handlungen	Erhöhte Aktivierung von umschriebenen Gehirnarealen der linken Hemisphäre bei der Sprachunterscheidung und Wortlesen
Kleinhirn/ Cerebellum	Steuerung des Bewegungsablaufs, der motorischen Koordination	Widersprüchliche Befunde; in einzelnen Studien Minderaktivierung einzelner Regionen des Kleinhirns

Es liegt eine Reihe von funktionellen, bildgebenden Untersuchungen zur Legasthenie vor. Bei diesen Untersuchungen bekommen die jugendlichen Legastheniker Aufgaben, bei denen sie Laute, Silben und Reime unterscheiden sollen. Um die Gehirnfunktionen während dieser Aufgaben zu registrieren, liegen die Jugendlichen in einer Röhre (Magnetresonanztomogramm). Nun wird der Aktivitätsunterschied der Nervenzellen zum Beispiel bei einer auditiven Unterscheidungsaufgabe verglichen mit einer Kontrollaufgabe.

Bei den Legasthenikern wurde wiederholt eine geringere Aktivierung von bestimmten Gehirnregionen der linken Gehirnhälfte gefunden. Hierzu gehören der Temporal- und der Parietallappen, die beide eine wichtige Funktion in der auditiven Informationswahrnehmung und -verarbeitung ausüben. Diese Befunde sind recht stabil, da man sie sowohl bei legasthenen Kindern und Jugendlichen als auch bei Erwachsenen gefunden hat.

Auch der Vergleich mit anderen Sprachen (Italienisch, Englisch, Deutsch) zeigt, dass diese Minderaktivierung spezifischer Gehirnregionen bei Legasthenikern in den anderen Sprachen ebenso gefunden wurde.

Neuropsychologische Untersuchungen

Zu dem neuropsychologischen Untersuchungsbereich gehört auch die Untersuchung von Hirnfunktionen. Im Vordergrund stehen hier die Lautunterscheidungsfähigkeit, das Wissen über die orthographischen Prinzipien der Rechtschreibung und die Bedeutung von Lernen und Gedächtnis für die Legasthenie.

Bedeutung der Lautwahrnehmung und -unterscheidung (phonologische Bewusstheit)

Die Bedeutung der Sprachwahrnehmung und -unterscheidungsfähigkeit für die Legasthenie zeigt sich bereits im ersten Lebensjahr. Auf dieser Fähigkeit aufbauend, erlernen die Kinder, den Lauten Bedeutung zuzuordnen und zu erkennen, dass sich durch Ersetzen eines Lautes die Bedeutung des Wortes ändern kann. Auch um richtig schreiben zu können, ist es nötig, Laute zu erkennen und zu unterscheiden. Wie sonst wäre es möglich, den gehörten Lauten in einem Wort die richtigen schriftlichen Zeichen zuzuordnen? Die Fähigkeit, einzelne Laute zu unterscheiden, sie im Gedächtnis abzuspeichern, aus dem Gedächtnis abzurufen und mit einzelnen Lauten zu arbeiten, wird als phonologische Bewusstheit bezeichnet.

Die phonologische Bewusstheit gehört zu den am meisten untersuchten Fähigkeiten in der Legasthenieforschung. Studien in verschiedenen Sprachen konnten wiederholt zeigen, dass phonologische Fähigkeiten von großer Bedeutung für den Beginn des Schriftspracherwerbs sind. Daher sollte man bei Kindern, die ein Risiko haben, eine Legasthenie zu entwickeln, phonologische Fähigkeiten im Kindergartenalter fördern (siehe S. 231–233).

Fallbeispiel: Untersuchung der phonologischen Bewusstheit

Am nächsten Tag werden in München weitere Tests durchgeführt. Marc ist schon gespannt, welche interessanten Aufgaben er heute bearbeiten kann. Die Untersucherin erklärt, dass es heute um die sogenannten neuropsychologischen Tests gehe, und führt ihn in einen anderen Untersuchungsraum.

Nachdem die Untersucherin den Computer gestartet hat, bekommt Marc einen Kopfhörer aufgesetzt. Er erhält Aufgaben, die seine phonologischen Fähigkeiten überprüfen sollen. Zuerst hört er einzelne Wörter, die er laut wiederholt. Dann soll er sagen, wie viele Laute das Wort enthält. Zu Beginn wird diese Aufgabe geübt. Um die Aufgabe zu erleichtern, bekommt Marc Spielsteine. Für jeden Laut legt er einen Spielstein. Weitere Aufgaben zur Lautunterscheidung, zum Speichern von Lauten im Gedächtnis folgen.

Nach einer kurzen Pause erklärt die Untersucherin Marc eine weitere Aufgabe, mit der sein orthographisches Wissen überprüft werden soll. Jetzt hört Marc mit dem Kopfhörer einzelne Wörter, die er bereits

*kennt. Anschließend zeigt die Untersucherin eine Kar-
te, worauf ein Wort geschrieben ist. Marc soll entscheiden, ob das geschriebene Wort die richtige Schreibweise des gehörten Wortes zeigt.*

*Nach ein paar Übungsbeispielen geht der Test los. Marc
findet es gar nicht einfach, zu entscheiden, ob das Wort
auf der Karte das richtige ist. Nach ein paar Minuten ist
der Test zu Ende, und Marc hat sich eine Belohnung verdient, die er sich bei der Untersucherin aussuchen darf.*

Für die Förderkonzepte spielt die phonologische Bewusstheit
eine große Rolle. In Studien mit Kindergartenkindern hat
sich Frühförderung in diesem Bereich positiv auf die Schriftsprachentwicklung ausgewirkt, unabhängig davon, ob ein
Kind eine Legasthenie hat oder nicht. Insbesondere für die
Rechtschreibentwicklung erscheint phonologische Bewusstheit ein wesentlicher Faktor zur Vorhersage des Erfolgs.

Wenn man sich die Schriftsprachentwicklung der Kinder an-
schaut, so kann man einzelne Entwicklungsschritte, die nacheinander durchlaufen werden, erkennen. So beginnt nach
dem Erwerb der sprachlichen Fertigkeiten die Fähigkeit zur
Lautunterscheidung meist erst kurz vor der Einschulung.
Die Unterrichtung in der Schule über den Zusammenhang
von Laut und Buchstabe fördert ebenfalls die phonologische
Fähigkeit. Für das erste Schuljahr sind phonologische Fähigkeiten für das Lesen und Rechtschreiben von sehr großer
Bedeutung. Auf der nächsthöheren Entwicklungsstufe, der
orthographischen Entwicklungsstufe, treten die phonologischen Fähigkeiten immer mehr in den Hintergrund.

Bedeutung von orthographischem Wissen

Orthographisches Wissen ist – vergleichbar der phonologischen Bewusstheit – ein Sammelbegriff für verschiedene Fähigkeiten, die alle hierunter zusammengefasst werden (siehe Abbildung unten). Orthographische Fähigkeiten werden beim Lernen der Schriftsprache erworben. Neue Untersuchungen zeigen, dass Kinder bereits vor der Schule durch den Kontakt mit Schrift orthographisches Wissen erwerben. Woher weiß man das? In Kanada stellte man Kinder vor die Aufgabe, auszuwählen, welches von zwei gezeigten Wörtern am wahrscheinlichsten zur französischen Sprache gehört. Die Kinder wählten die Wörter, die der französischen Ortho-

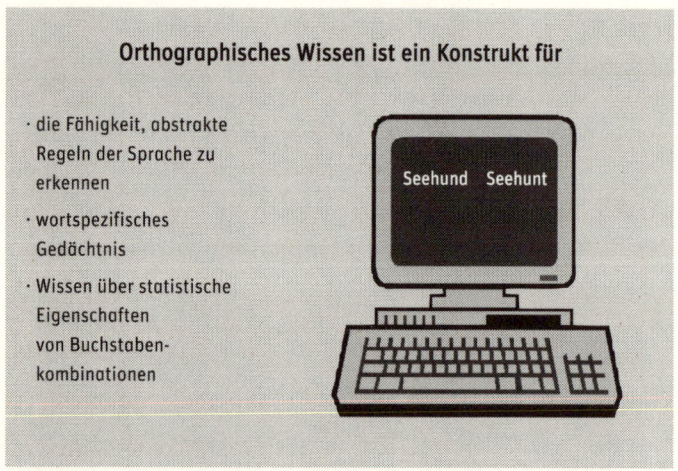

Orthographisches Wissen ist ein Konstrukt für

· die Fähigkeit, abstrakte Regeln der Sprache zu erkennen

· wortspezifisches Gedächtnis

· Wissen über statistische Eigenschaften von Buchstaben- kombinationen

Seehund   Seehunt

Beispiel für einen Test zur Überprüfung von orthographischem Wissen und zusammenfassende Darstellung zur Bedeutung des Begriffs *orthographisches Wissen*

graphie besser entsprachen. Das Ergebnis ist deshalb von besonderem Interesse, da die Kinder noch nicht im Lesen und Schreiben unterrichtet wurden.

Dass vorschulisches orthographisches Wissen auch für deutschsprachige Kinder für die Rechtschreibung von prädiktiver Bedeutung ist, konnte kürzlich unsere Arbeitsgruppe zeigen.

Orthographisches Wissen stellt eine weitere wesentliche Voraussetzung für den erfolgreichen Schriftspracherwerb dar. Daher wundert es auch nicht, dass legasthene Kinder und Erwachsene ein geringeres orthographisches Wissen haben.

Lernen und Gedächtnis

Schreiben und Lesen sind Fertigkeiten, die jeder Mensch lernen muss. Anders als die Sprache, die wir in den ersten Lebensjahren ohne eine spezifische Unterrichtung erwerben, müssen Lesen und Rechtschreiben durch die Vermittlung von Wissen und durch Strategien, das Wissen anzuwenden, erlernt werden.

Fallbeispiel: Üben, üben, üben!

Martins Mutter übt oft mit ihrem Sohn, um seine Rechtschreibung zu verbessern. Jeden Tag diktiert die Mutter Martin die Lernwörter, die im nächsten Diktat vorkommen sollen. Nach intensivem Üben hat es Martin am Nachmittag vor dem Diktat geschafft, die einzelnen Wörter richtig zu schreiben.

Als Martin das Diktat schreibt, ist er nicht mehr so sicher, wie er die Lernwörter richtig schreibt. Vier Tage später wird die Note für das Diktat bekanntgegeben. Martin ist entsetzt. Dass er so schlecht abschneiden würde, hatte er nicht erwartet. Als seine Mutter das Diktat sieht, ist sie sehr enttäuscht. Vor allem aber versteht sie nicht, dass Martin die Lernwörter, obwohl er sie am Tag zuvor richtig schreiben konnte, im Diktat wieder falsch geschrieben hat.

Fallbeispiel: Wie arbeitet das Gehirn beim Lernen?

Die 12-jährige Sarah ist Legasthenikerin und nimmt an einer Untersuchung zum Lernen und Gedächtnis an der Klinik für Kinder- und Jugendpsychiatrie, Psychosomatik und Psychotherapie der Universität München teil. Die Untersucherin erklärt Sarah, dass sie sich drei Wörter, die sie bisher noch nie gesehen hat, einprägen und dann auf dem Computer richtig schreiben soll. Beim ersten Mal gelingt es Sarah noch nicht, alle drei Wörter richtig zu erinnern. Sie wiederholt die Aufgabe. Nachdem sie dreimal nacheinander die Wörter richtig geschrieben hat, wird ihr auf dem Computermonitor immer ein Wort gezeigt. Sarah soll entscheiden, ob dieses Wort zu den gelernten gehört oder nicht. Während Sarah diese Aufgabe löst, wird ihre Hirnaktivität mit Elektroden, die in einer Kappe befestigt sind, registriert.

Nach diesem Test bekommt Sarah eine neue Aufgabe. Auf dem Bildschirm sieht sie nun Punkte, die in einem

Gitter angeordnet sind (siehe Abbildung unten). Sarah soll sich die Position der Punkte in dem Gitter einprägen. Anschließend werden die Punkte ausgeblendet, und sie sieht drei leere Gitter auf dem Bildschirm. Nun soll sie die Punkte an die entsprechenden Stellen im Gitter einfügen. Nachdem Sarah dies dreimal in Folge richtig gelungen ist, beginnt die zweite Testphase.

Wie zuvor bei den Wörtern soll Sarah entscheiden, welches von den gezeigten Kästchen mit Punkten zu denen gehört, die sie zuvor gelernt hat. Parallel dazu wird wieder die Hirnaktivität aufgezeichnet. Nach einer Stunde Untersuchung hat Sarah eine Pause.

Nach ungefähr zwei Stunden wird der Test wiederholt. Die Untersucherin erklärt Sarah, dass sie wissen will, wie gut Sarah sich noch an die Wörter und die Position der Punkte erinnern kann.

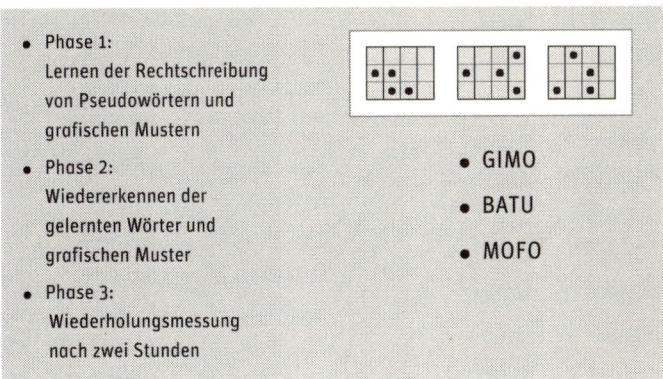

- Phase 1:
  Lernen der Rechtschreibung
  von Pseudowörtern und
  grafischen Mustern
- Phase 2:
  Wiedererkennen der
  gelernten Wörter und
  grafischen Muster
- Phase 3:
  Wiederholungsmessung
  nach zwei Stunden

- GIMO
- BATU
- MOFO

Untersuchungsaufbau und Lernmaterial der Untersuchung zum Lernen und Gedächtnis bei der Legasthenie (Quelle: Schulte-Körne et al. 2004c)

Die in dem Fallbeispiel durchgeführte Untersuchung beschäftigt sich mit der Gehirnaktivität beim Wiedererkennen von gelernten Wörtern und grafischem Material. Aufgrund der Erfahrung, dass Legastheniker nicht so gut in der Lage sind, gelernte Wörter richtig zu schreiben, wurde in dieser Studie untersucht, ob Gründe hierfür in den Gehirnfunktionen zu finden sind. Sie konnte zeigen, dass hier wahrscheinlich eine Funktionsbeeinträchtigung bestimmter Hirnregionen vorliegt. Beteiligt sind Regionen des temporalen und parietalen Cortex.

Wenn man das Wiedererkennen der grafischen Muster mit dem Wiedererkennen der Wörter vergleicht, wird deutlich, dass die Gehirnaktivität sich nur bei den Wörtern zwischen den Gruppen unterscheidet. Das Lernen von grafischem Material bereitet den Legasthenikern kein Problem.

Für die klinische Praxis bedeutet dies, dass die Förderung, die auf der Unterscheidungsfähigkeit von grafischen Mustern aufbaut, nicht sinnvoll ist, weil Legastheniker das bereits sehr gut beherrschen.

Bedeutung von Umweltfaktoren

Die Schule

Solange die Schule bei der Untersuchung der Legasthenie nicht als Faktor einbezogen wird, wird weiterhin die Ursache der Legasthenie nur beim Kind und in seinem familiären Umfeld gesucht werden.

Schulvergleichende Untersuchungen geben Hinweise auf die Bedeutung des Faktors Schule für die Häufigkeit der Legasthenie. Diese Studien erbrachten zwei wichtige Ergebnisse. Erstens schwankt das Lese- und Rechtschreibniveau zwischen Schülern einer Klassenstufe innerhalb einer Schule erheblich; es kann also sein, dass die Klasse 2a einer Schule wesentlich besser lesen kann als die 2b. Und zweitens kann auch der Unterschied zwischen den Schulen sehr groß sein.

Beide Ergebnisse weisen auf die mögliche Bedeutung der Lehrerpersönlichkeit und der Art der Unterrichtung hin. Die aktuelle Diskussion um die Ergebnisse der ländervergleichenden Schuluntersuchungen *PISA (Program for International Student Assessment)* und *IGLU (Internationale Grundschul-Lese-Untersuchung)* hat die Diskussion und die Forderung nach Bildungsstandards verstärkt. Diese Forderung trägt der Beobachtung Rechnung, dass der Schriftspracherwerb in deutschen Schulen sehr uneinheitlich und oft nicht nach empirisch überprüften Methoden erfolgt.

Ganzheitlicher oder synthetischer Ansatz?

In den 60er und 70er Jahren des letzten Jahrhunderts gab es eine umfangreiche Kontroverse, ob und wie die Unterrichtsmethodik des Erstleseunterrichts sich auf die Lese- und Rechtschreibentwicklung auswirkt. Viele Eltern waren stark verunsichert, ob die Ganzwortmethode – im Gegensatz zu der synthetischen Methode, bei der zunächst die Buchstaben einzeln eingeführt werden – ein adäquates Mittel für die Vermittlung der Lese- und Rechtschreibfähigkeit war. Die Diskussion über Methoden des Erstlese- und -rechtschreibunterrichts hält noch an.

Die *Ganzwortmethode* erfordert von den Kindern das Erfassen eines Wortes, ohne die Bestandteile (einzelne Buchstaben) zu kennen. Zum Beispiel wird ein Bild vorgelegt und das Kind aufgefordert, dem Bild das entsprechende Wort in geschriebener Form zuzuordnen. Ziel ist es, dem gesprochenen Wort ein Schriftbild gegenüberzustellen und zuzuordnen. Erst im Anschluss an diese Lernphase wird mit der Wortdurchgliederung begonnen. Dazu werden die bereits bekannten Wörter verwendet, um die Buchstabenbestandteile des Wortes zu erarbeiten.

Der Begriff Ganzwortmethode ist durch den Begriff *ganzheitlicher Sprachansatz* abgelöst worden. Hiermit ist das Konzept verbunden, dass der Schriftspracherwerb analog zum Spracherwerb abläuft. Dies bedeutet, dass die Kinder selbst aktiv und selbständig lernen sollen und die Instruktion und Anleitung eher von untergeordneter Bedeutung sind. Die Kinder werden angeregt, Schriftsprache als kommunikatives Mittel zu entdecken und anzuwenden. Sie sollen sich selbständig bemühen, Texte zu entziffern, Schreibung für Mitteilungen zu entwickeln und Schriftsprache als Hilfsmittel für die Kommunikation zu verwenden.

Dieses Vorgehen ist dementsprechend mit einem systematischen Unterricht nicht vereinbar, weshalb dieser Ansatz kritisiert wurde. Vor allem der fehlende Unterrichtsplan einschließlich einer klaren Struktur, wie Kinder das Lesen erlernen sollen, ist auf Widerspruch gestoßen.

Im Gegensatz zum ganzheitlichen Sprachansatz vermittelt der *synthetische Ansatz* in systematischer Weise den Kindern die Buchstaben-Laut-Zuordnung als Grundlage des Lesenlernens. Aufbauend auf einem beschränkten Wortschatz, der sich nach den geübten Buchstaben-Laut-Zuordnungen richtet, wird die Wortlesefähigkeit trainiert. Dieser Ansatz ist stark lehrerzentriert, da durch den Lehrer sowohl die Auswahl der Buchstaben-Laut-Zuordnung als auch das Wortmaterial vorgegeben wird. Dieser Ansatz wird von vielen Fibeln unterstützt, die ihm folgen, nacheinander einzelne Buchstaben einführen und damit verbunden das Wortmaterial vorgeben.

Welche Unterrichtsmethode ist für Legastheniker geeignet?

Wenn die Art der Unterrichtung eine große Bedeutung für den Schriftspracherwerb hat, so ist zu erwarten, dass auch für Legastheniker möglicherweise eine bestimmte Form der Unterrichtung von Vorteil ist. Leider wurden in Deutschland in den letzten dreißig Jahren kaum empirische Studien zur Bedeutung von unterschiedlichen Unterrichtsmethoden für den Schriftspracherwerb durchgeführt. Im Wesentlichen beruht unser Wissen hierzu auf Studien aus den 60er

Jahren. Zum damaligen Zeitpunkt verglich man die Ganzwortmethode (analytische Methode) mit der synthetischen
Methode.

Der Vergleich der Methoden zeigte für die Kinder der ersten
Klassen eine Überlegenheit der synthetischen Methode. Gerade legasthene Kinder können besser von einer synthetischen Methode profitieren, die systematisch den Buchstaben-
Laut-Zusammenhang vermittelt.

Der Methodenunterschied blieb aber nicht bis zum Ende
der Grundschulzeit bestehen, so dass man zu dem Schluss
kam, dass beide Methoden möglicherweise gleichbedeutend
für den Erwerb der Schriftsprache sind. Allerdings bestand
bei der analytischen Methode ein Nachteil für schwächer
begabte Schüler, weil sie mehr intellektuelle Fähigkeiten erfordert.

Empfehlungen für den Unterricht

Generell ist zu empfehlen, dass die Buchstabenkenntnis in
Verbindung mit der Vermittlung der Buchstaben-Laut-
Zuordnung ein wesentlicher Bestandteil des frühen Schriftspracherwerbs sein sollte. Den Kindern sollte die Systematik
der Sprache vermittelt werden. Dies bedeutet das Wissen und
Verständnis um die Laute und Lautstruktur von Wörtern
(wie z. B. *b-l-u-m-e* für *Blume*). Allerdings sollte die lautliche
Strukturierung mit der Zuordnung von Buchstaben zu Lauten verbunden werden. Hierzu gehört auch die Vermittlung
der Strukturierung der Schriftsprache anhand von Silben
(z. B. Silbendurchgliederung im Wort *Treppenstufe*: *Trep-pen-
stu-fe*). Auch können sogenannte Reimähnlichkeiten als Prin-

zip der Verschriftlichung eingeführt werden. Zum Beispiel haben *Haus* und *Maus* denselben Reim, *-aus*. Die Reimähnlichkeit bedeutet, dass diese Wörter gleich ausgesprochen und auch gleich verschriftlicht werden.

Ferner erweist sich ein Training von phonologischen Fähigkeiten in der ersten Klasse als sinnvoll, um die Leseleistung zu verbessern. So zeigt eine Untersuchung an Grundschülern der ersten Klasse, dass ein Training, das im Wesentlichen auf das Frühförderprogramm *Hören, lauschen, lernen* (siehe S. 231–233) aufgebaut ist und in den schulischen Unterricht integriert wurde, sich positiv auf die Leseleistung am Ende der ersten Klasse und Mitte der zweiten Klasse auswirkt. Auf die Rechtschreibleistung hingegen zeigte sich kein Effekt.

Handzeichen (Lautgebärden), auch eine Hilfe für Legastheniker?

Für einige Kinder ist es besonders schwierig, die Buchstaben-Laut-Zuordnung zu lernen. Daher werden seit vielen Jahren zur Unterstützung dieses Lernprozesses sogenannte Handzeichen verwendet.

Das sind Gesten oder Lautgebärden, die entweder für einen Laut stehen oder einen Laut symbolisieren. Zum Beispiel steht jede Lautgebärde für einen Buchstaben. Die Zuordnung von Geste zu Buchstaben ist abhängig von dem verwendeten System und unterschiedlich. Lautgebärden und Handzeichen werden einerseits als Gedächtnisstütze und andererseits zur Strukturierung der Lautfolge von Wörtern verwendet. Aus Daumen- und Fingerstellung werden z.B. einzelne Buchstaben nachgeformt, andere Lautgebärden verbinden eine Mund- und Atembewegung mit einer Handbewegung. Durch die Integration einer Mundbewegung wird die Sensibilität für die Einzellaute gestärkt, z. B. bei Plosivlauten wie *p*, *t* und *k* das »Explodieren« des Lautes. Auch Lautgebärden in Form von Fotografien der Mundbewegung werden hierbei eingesetzt.

Trotz der Popularität dieser Methode konnte ein spezifischer Therapieeffekt bisher nicht nachgewiesen werden. Der Einsatz in der ersten Klasse ist umstritten, da er recht aufwendig ist und möglicherweise selbst für Legastheniker kein spezifischer Lerneffekt zu erwarten ist.

Aus Einzelfallberichten kann jedoch geschlossen werden, dass zumindest den sehr schwer betroffenen Legasthenikern, die überhaupt keinen Zugang zur Schriftsprache haben, mit dieser Methode geholfen werden kann.

Die Lehrerpersönlichkeit

Neben den didaktischen Aspekten des Unterrichts spielen aber auch interaktionelle Prozesse zwischen Lehrer und legasthenem Schüler sowie zwischen Lehrer und den Eltern eines legasthenen Kindes eine große Rolle. In Klassen, wo Lehrer und Schüler oft in Interaktion treten und mehr Zeit zum Lernen als für andere Aufgaben verwenden, ist der Lernfortschritt am größten.

Natürlich wird jedes Kind eine bessere schulische Entwicklung nehmen, lieber zur Schule gehen und freudiger lernen, wenn es seine Lehrerin mag und sich von ihr geachtet fühlt. Gerade bei legasthenen Kindern, die oft verunsichert sind und ein geringes Selbstvertrauen haben, ist eine positive affektive Unterstützung durch den Lehrer wichtig. Im Gegensatz hierzu wird immer wieder durch schriftliche Kommentare dem Kind und seinen Eltern jegliche Motivation genommen, wenn z. B. unter Arbeiten des Kindes steht: »Ohne Fleiß kein Preis!«, »Du musst mehr üben!«, obwohl die Eltern mit ihrem Kind schon täglich ein bis zwei Stunden arbeiten.

Das übliche Anstreichen der Rechtschreibfehler in Rot wirkt sich negativ auf das Selbstwertgefühl des Kindes aus, und die fehlende positive Bewertung von selbst geringen Leistungsfortschritten kann sein Selbstwertgefühl schädigen.

Mitunter verringert der negative Einfluss des Lehrers das Selbstwertgefühl eines Kindes so, dass es sich selbst kaum noch eine positive Entwicklung zutraut. Durch die Verunsicherung nehmen die Kinder eher als andere an, etwas falsch zu machen, oder ordnen Erfolge eher dem Zufall oder anderen Faktoren zu als ihrer Persönlichkeit oder ihrem Einsatz. Ein sich so entwickelndes, schulbezogen negatives Selbstkonzept kann sehr stabil sein und bis ins Erwachsenenalter bestehen bleiben.

Daher sind Faktoren wie Verlässlichkeit, Vertrauen, Stärkung der sich entwickelnden Persönlichkeit des Kindes wichtige Werte, die eine lernförderliche Lehrerpersönlichkeit mitbringen sollte. Ein stabiles Selbstwertgefühl des Kindes ist eine wichtige Voraussetzung für seinen Lernerfolg. Allerdings trägt hierzu nicht allein die Schule, sondern auch das Elternhaus bei.

Zusammenarbeit von Schule und Eltern

Wie Lehrer die Eltern der Schüler wahrnehmen und mit ihnen umgehen, ist ein weiterer wichtiger Aspekt des Einflus-
ses der Schule auf die Lernentwicklung des Kindes. Eltern
fällt es leichter, kooperativ mitzuarbeiten, wenn sie über die
Methodik des Schriftspracherwerbs unterrichtet werden. Die
Lehrerin bzw. der Lehrer sollte ihnen auch Anleitungen zur
Begleitung bei den Hausaufgaben und zur Unterstützung
beim Lesen und Rechtschreiben geben. Insbesondere die Dokumentation und Transparenz des individuellen Lernfortschritts im Lesen und Rechtschreiben hilft den Eltern zu verstehen, welche Probleme ihr Kind beim Schriftspracherwerb
hat. Dabei gilt es, auch die kleinsten Lernfortschritte zu do-
kumentieren und mitzuteilen.

Konflikte zwischen Eltern und Lehrern treten häufig dann
auf, wenn es um erzieherische Fragen geht. Nach dem Verständnis der Schule übernehmen Lehrer auch eine erzieherische Verantwortung. Wenn Lehrer aber Vorschläge zur Veränderung des elterlichen Erziehungsverhaltens machen, erleben sie nicht selten Ablehnung durch die Eltern.

Wichtig im möglichen Spannungsfeld zwischen Lehrer und
Eltern ist die Bereitschaft, das Gegenüber anzuhören und seine Position ernst zu nehmen. Spannungen treten häufig dann
auf, wenn beide Seiten die Arbeits- und Lebenssituation der
anderen nicht verstehen.

Die Familie

Unter »familiären Faktoren« sind hier nicht die genetischen Zusammenhänge zu verstehen, die für die Vererbung der Legasthenie verantwortlich sind und auf Seite 115–119 behandelt wurden. Im Gegensatz zu den dort beschriebenen neurobiologischen Ursachen können familiäre Faktoren die Legasthenie zwar beeinflussen, sind aber nicht ihre Ursache. Zu ihnen gehören in erster Linie ein geringes Einkommen und ein geringer sozioökonomischer Status der Familie. Diese Faktoren sind allgemeine Risikofaktoren nicht allein für eine geringere Lese- und Rechtschreibfähigkeit, sondern auch für die psychosoziale Entwicklung. Insbesondere die lang andauernde, schwere Armut ist ein unspezifischer Risikofaktor für eine beeinträchtigte schulische Entwicklung.

Ein wesentlicher Grund für die geringeren Lese- und Rechtschreibfähigkeiten in diesen Familien sind oft der geringe Bildungsstand der Eltern, die vorhandene und nicht kompensierte Legasthenie eines Elternteils oder beider Eltern, die fehlenden Ressourcen zu lernförderlichem Verhalten gegenüber dem Kind und die konkreten Lebensbedingungen des Kindes. So fehlt den Kindern häufig ein eigener Arbeitsplatz. Wahrscheinlich am bedeutsamsten ist aber, dass die Kinder zu Hause kaum Zeit mit Lesen verbringen. Wenn zusätzlich noch viele Geschwister da sind, bestehen eher geringe Möglichkeiten der Anregung zum Schriftsprachgebrauch und zur Förderung. Einzelne Untersuchungen zeigen, dass ein Kind am Ende der Geschwisterreihe ein höheres Risiko hat, eine Legasthenie zu entwickeln, als ein erstgeborenes.

Schadet das Fernsehen?

Ein weiterer Faktor ist der Fernsehkonsum. Es wurde vermutet, dass regelmäßiges Fernsehen der Lese- und Rechtschreibentwicklung schadet. Hierzu liegen zwar viele Untersuchungen vor, die Ergebnisse sind aber nicht einheitlich.

Im Wesentlichen besteht ein geringer Zusammenhang zwischen der Zeit, die mit Fernsehen verbracht wird, und dem Lesefortschritt. Ein Schwellenwert für die Zeit pro Tag, die mit Fernsehen verbracht wird, liegt zwischen 2 und 3 Stunden. Über diesem Schwellenwert beginnt sich der Fernsehkonsum negativ auszuwirken, je nach Altersgruppe unterschiedlich stark. Es gilt: Je älter die Kinder sind, desto weniger sollten sie fernsehen! Allerdings ist dieser Effekt generell von weiteren Faktoren beeinflusst, z.B. den kognitiven Fähigkeiten des Kindes und der sozialen Schicht der Familien. Es wurden aber auch positive Einflusse des Fernsehens gefunden. So führte das Sehen von »Bildungssendungen« zu einer tendenziellen Verbesserung, während reine Unterhaltungssendungen eher zu einer schlechteren Leseentwicklung führten. Auf jeden Fall sollten Sie die Auswahl der Sendungen, die Ihr Kind schauen darf, steuern. Sendungen mit pädagogischen Inhalten, die Wissen anregend vermitteln, sind auf jeden Fall zu bevorzugen.

Was Sie tun können

Ihre positive Unterstützung und Ihre positive Zukunfts- und Leistungserwartung wirken sich förderlich auf die Leistungsmotivation Ihres legasthenen Kindes aus. Ihr eigenes Leseverhalten und Ihre Anregung zum häuslichen Lesen, Ihr

Vorlesen und gemeinsames Lesen sind zentrale Faktoren für die positive Lese- und Rechtschreibentwicklung.

Nicht zuletzt ist Ihr Kontakt zur Schule von Bedeutung. Durch die Teilnahme an Elternabenden und Gespräche mit Lehrern sind Sie als Eltern laufend informiert über die allgemeinen schulischen Entwicklungen und speziellen Lernfortschritte Ihres Kindes.

Förderung und Therapie: Was hilft und wirkt?

Eltern sind nicht selten der Anwalt ihres Kindes, um die Interessen und auch Ansprüche auf Unterstützung und Förderung durchzusetzen. Neben der hohen Verantwortung sind Eltern oft sehr belastet. Auch sie müssen daher entlastet werden.

Angesichts einer Flut von Förderangeboten stehen Eltern, Lehrer und Therapeuten vor der schwierigen Aufgabe, diese Angebote zu bewerten und das für das individuelle Kind angemessene Angebot herauszufinden. Auf den folgenden Seiten werden Ihnen deshalb die wichtigsten Angebote vorgestellt sowie auf Seite 218 Kriterien beschrieben, nach denen Sie Ihre Auswahl treffen können.

Eine Information vorweg: Viele Förderangebote kündigen eine sehr schnelle Verbesserung des Lesens und Rechtschreibens innerhalb von wenigen Monaten, teilweise sogar Wochen, an; sie sind mit der Empfehlung von z. T. sehr kostspieligen Therapien verbunden. Obwohl diese Angebote verlockend sind, sollten Sie gerade diesen Versprechen gegenüber eine kritische Zurückhaltung bewahren.

Das Netzwerk der Förderangebote: So finden Sie Zugang

Die Abbildung auf dieser Seite informiert Sie über die zurzeit bestehenden Möglichkeiten zur Förderung legasthener Kinder und Jugendlicher.

Dem Beschluss der Kultusministerkonferenz folgend, soll der Schule die Hauptaufgabe der Förderung bei der Legasthenie (allerdings dort nicht Legasthenie genannt) zukommen (siehe Abbildung unten). Jedoch findet ein großer Anteil der Förderung außerschulisch statt, da die schulischen Angebote oft nicht ausreichend sind und viele Schulen nach wie vor Legasthenie als eigenständiges Störungsbild nicht aner-

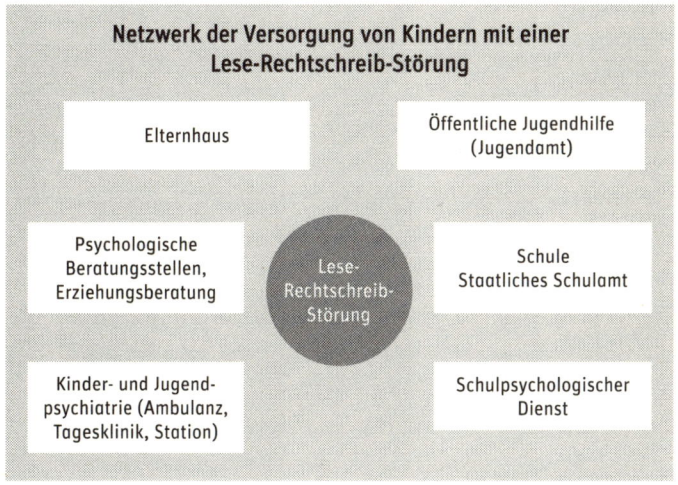

Netzwerk der Versorgung für legasthene Kinder und Jugendliche

kennen und dementsprechend keine Förderung anbieten. Dies trifft insbesondere für die weiterführenden Schulen (z. B. Gymnasien) zu.

Neben privaten Anbietern, die z. T. von den Jugendämtern finanziert werden, gibt es in manchen Städten kommunale Einrichtungen, die Legasthenieförderung anbieten.

Insgesamt besteht aber nach wie vor ein hoher Bedarf an ausreichender und vor allem qualifizierter Förderung.

Die Entlastung der Familie

Eine entscheidende Bedeutung für die Entwicklung des legasthenen Kindes kommt den Eltern und der Familie zu. Die wichtigste Unterstützung ist der Rückhalt in der Familie.

Fallbeispiel: Elterliche Unterstützung trotz Legasthenie

Martin hat eine ausgeprägte Legasthenie. Er besucht die vierte Klasse der Grundschule. Lange war unklar, warum Martin so deutliche Schulprobleme hatte. Seine Eltern meinten zunächst, dass Martin schulisch nicht begabt sei. Sein Vater hielt Martin, wie er sagte, für »stinkend faul«. Wenn Martin wieder mit einer Fünf in Deutsch heimkam, schimpfte sein Vater sehr. Während seine Mutter schon versuchte, die Ergebnisse des Diktats ihrem Mann gegenüber zu verheimlichen, um Martin zu schützen, wurde das Kind immer aggressiver gegen seinen Vater. Vor kurzem hat Martin in seinem Ärger über seinen Vater mit voller Wucht in den Kotflügel des Familienautos getreten. Martin kämpft schon länger um die Anerkennung seines Vaters.

Jedoch ist diese Anerkennung oft erst dann möglich, wenn geklärt werden konnte, warum ein Kind diese Lernprobleme hat. Bis zur Diagnosestellung vergehen – das ist nicht selten – drei bis vier Jahre. In dieser Zeit ist das Verhältnis der Eltern zu ihrem Kind beeinträchtigt, oft ist sogar die gesamte Familie belastet. Die Hausaufgabensituation ist dafür ein typisches Beispiel. Trotz gutgemeinter Ratschläge, wie z.B. »Schreib, wie man's spricht«, oder »Das kannst du doch heraushören«, die oft jedoch nicht zutreffen, verbessert sich die Rechtschreibung nicht. Langes nachmittägliches Üben, nicht selten bis in die Abendstunden hinein, führt dann dazu, dass das Diktat zu Hause nahezu fehlerfrei geschrieben wird. Am nächsten Tag werden trotzdem beim geübten Diktat fast alle Wörter, die tags zuvor mühsam geübt wurden, wieder falsch geschrieben. Die Enttäuschungen bei den Eltern und bei Martin sind sehr groß, es wird nach den Ursachen und den Fehlern gesucht.

Leider ist oft die Schule nicht entlastend, weil vermutet wird, Martin sei nur faul. Gerade das trifft oft nicht zu, da die Eltern täglich mit ihrem Kind üben. Die schulischen Ratschläge belasten vielmehr die Eltern und erhöhen den Druck auf die Familie. Dies trifft auch dann zu, wenn seitens der Lehrkraft vermutet wird, Martin sei nur zu dumm, um ausreichend lesen

165

*und schreiben zu lernen. Die Eltern werden verunsi-
chert, zweifeln selbst an den Fähigkeiten ihres Kindes
und finden sich damit ab, dass die Überweisung zu einer Förderschule empfohlen wird. Die Enttäuschung
bei den Eltern ist groß, die emotionale Unterstützung
für Martin leidet darunter.*

Daher benötigen Eltern Unterstützung durch Schule und
professionelle Beratung. Im Rahmen der Beratung wird versucht,

- die familiären Konflikte sichtbar zu machen
- Eltern und Kind von Schuldvorwürfen zu entlasten und
- Möglichkeiten zu entwickeln, wie mit der Legasthenie in
  Zukunft in der Familie umgegangen wird.

Im familiären Rahmen gibt es eine Reihe von Unterstüt-
zungsmöglichkeiten, die allerdings von den individuellen
Voraussetzungen und Ressourcen abhängen.
Diese familiären Unterstützungsformen bis hin zu konkreten
Anregungen zur Förderung werden nachfolgend dargestellt.

Lesen in der Familie

Dem Lesen mit dem legasthenen Kind kommt sehr große Bedeutung zu. Die positive Auswirkung des regelmäßigen Lesens auf die Schriftsprachentwicklung wurde immer wieder nachgewiesen. Das Lesen ersetzt zwar nicht die spezifische Förderung, ist aber in jedem Fall eine gute Unterstützung.

Die Bedeutung des familiären Leseklimas

Die Familie kann durch Schaffung eines lesefreundlichen Klimas bessere Voraussetzungen für den Schriftspracherwerb schaffen. Hierzu gehören das sprachliche Umfeld und wie miteinander in der Familie gesprochen wird, das Leseumfeld und die sozio-emotionale Unterstützung in der Familie. Eine vielfältige Sprache – im Sinne von Wortschatz, Grammatik, Syntax und Ausdrucksfähigkeit der Eltern – beeinflusst den Wortschatz und Sprachgebrauch der Kinder. Was sie da aufnehmen und mitbringen, hat wiederum eine vorhersagende Bedeutung für die Schriftsprachentwicklung in der Grundschulzeit. Das Vorlesen von Büchern, das Gespräch über den Inhalt des Vorgelesenen, über vergangene und aktuelle Ereignisse sind Beispiele für den Sprachgebrauch, der die sprachliche Fähigkeit und den Wortschatz der Kinder fördert. Die Kinder sollen selbst angeregt werden, zu berichten und Geschichten zu erzählen.

»Lass uns lesen!« – Wie Eltern ihr Vorschulkind auf die Schule vorbereiten

Martins Mutter liest im Internet, dass an der Klinik für Kinder- und Jugendpsychiatrie, Psychosomatik und Psychotherapie der Universität München ein großes Projekt begonnen wurde, das Eltern dabei unterstützt, ihr Kind auf die Schule im Lesen und Schreiben vorzubereiten. Sie ist ganz begeistert und ruft dort an. Die psychologische Mitarbeiterin erklärt ihr, dass Eltern in diesem Projekt angeleitet werden, gemeinsam mit ihrem Kind zu lesen, Sprachspiele zu spielen und gemeinsam über die Inhalte des Gelesenen zu sprechen. Der erste Abend wird bereits in vier Wochen stattfinden. Da Martins Mutter Sorge hat, ob auch der jüngere Bruder Sebastian eine Legasthenie wie sein älterer Bruder entwickeln wird, bespricht sie sich mit ihrem Mann, und beide wollen gerne teilnehmen. Zum ersten Elternabend kommen 20 Eltern. Die Psychologin und Pädagogin der Klinik erklären das Ziel des Projektes. Alle Eltern erhalten eine umfangreiche Materialmappe mit Texten, Fragen, Aufgaben, Spielen und Erklärungen zum Durchführen der Aufgaben. Das Material ist mit vielen bunten Zeichnungen und Bildern versehen, es macht Spaß, damit zu arbeiten. Insgesamt finden vier Abende statt; das Projekt dauert vier Monate. Martins Mutter hat den Eindruck, dass zu Hause mehr bewusst vorgelesen wird und dass die Übungen Martin geholfen haben, besser Laute zu unterscheiden. Jetzt ist sie gespannt, wie es in der Schule weitergeht.

Eltern haben eine große Vorbildfunktion auch im Gebrauch der Schriftsprache. Wenn sie selbst dem Lesen und Schreiben hohe Bedeutung beimessen und dies auch für die Kinder sichtbar ist, können Kinder selbst eher eine positive Einstellung zum Lesen entwickeln. Dass Lesen und Schreiben Spaß machen kann, dass es vielfältige Anlässe dazu gibt, kann dem Kind durch die Eltern vermittelt werden.

Die Bedeutung der emotionalen Wärme untereinander beeinflusst ebenfalls die Lese- und Schreibentwicklung. Im Vordergrund steht die Mutter-Kind-Interaktion, deren Bedeutung für das Vorlesen untersucht wurde. Eine positive Interaktion, insbesondere eine hohe Qualität der Mutter-Kind-Interaktion beim Lesen, wirkt sich förderlich auf den Schriftspracherwerb aus.

Die richtige Lektüre für Ihr Kind

Natürlich brauchen Sie in erster Linie eine Auswahl von Büchern, die insbesondere für Legastheniker geeignet sind. Die Abbildung auf Seite 170 zeigt Ihnen, worauf Sie achten müssen.

Neben Büchern können Sie auch Comics einsetzen. Sie haben durch ihre Bebilderung und Sprache einen hohen Aufforderungscharakter. Gerade für Legastheniker der höheren Klassen kann z. B. ein Comic von Asterix und Obelix der Einstieg zum Lesen sein. Bücher, in denen Wörter durch Bilder ersetzt sind, mögen die Motivation zum Lesen erhöhen, sie sind jedoch für die Förderung der Lesefähigkeiten wenig geeignet.

Auswahl von Lesematerial für legasthene Kinder

Formale Aspekte
· Buchstabengröße mindestens 12 Punkt, besser 14 Punkt
· Zeilenabstand 1,5, besser 2 Zeilen
· ausreichend Rand zu beiden Seiten (mindestens jeweils 2 cm)
· gegliederter Text mit großen Absätzen
· Strukturhilfe durch Einrücken des Satzbeginns nach Absatz

Inhaltliche Aspekte
· Texte, die Ihr Kind interessieren
· keine Fremdwörter und Fachbegriffe (Wortschatz sollte den Leseerfahrungen des Kindes entsprechen)
· Illustrationen und Bilder (Motivationsaspekt)

Gemeinsam lesen

Das gemeinsame Lesen von Eltern(-teil) und Kind ist als eine Methode der Anregung und Förderung des Lesens wichtig. Sie sollten dieses gemeinsame Lesen nicht irgendwann vornehmen, wenn es Ihnen gerade passt und Sie eine halbe Stunde Zeit haben, und irgendein Buch zur Hand nehmen. Sie sollten es vielmehr sorgfältig planen und mit Ihrem Kind vorher Vereinbarungen zu seiner Durchführung treffen.

Fallbeispiel: Wir lesen gemeinsam!

Karin und ihre Mutter lesen täglich 15 Minuten gemeinsam. Folgende Grundregeln haben sie vereinbart: Das Prinzip des gemeinsamen Lesens ist, dass abwechselnd gelesen wird. Der Umfang des Textes bis zum Wechsel kann ein Satz, ein Abschnitt oder auch eine Seite betragen. Karin und ihre Mutter wählen den Umfang nach den Lesefähigkeiten von Karin aus. Das Lesen soll ihr Spaß machen, der Textzusammenhang muss verstanden werden. Manchmal kann es auch sinnvoll sein, die Abschnitte so zu verteilen, dass Karin einen kleineren Abschnitt liest und ihre Mutter den größeren Abschnitt übernimmt.

Eine andere Methode des lauten, gemeinsamen Lesens ist, dass recht häufig gewechselt wird. Dabei wird der Lesewechsel durch ein Zeichen von Karin angekündigt. Wenn ein Lesefehler auftritt, weist ihre Mutter darauf hin, ohne gleich das richtige Wort vorzusprechen. Karin sollte ein paar Sekunden Zeit haben, um selbst die richtige Lösung zu finden.

Zum Abschluss des gemeinsamen Lesens wird über die Geschichte gesprochen. Beim gemeinsamen Lesen vermitteln Sie Ihrem Kind, dass der Inhalt des Gelesenen der zentrale Aspekt des Lesens ist. Schulisch gesprochen, fördern Sie sein Textverständnis.

Wichtig bei dieser wie bei allen anderen gemeinsamen Übungen ist das Loben des Kindes. Freuen Sie sich an seiner Anstrengung und Bereitschaft, sich mit einem Text auseinanderzusetzen, obwohl es dabei große Schwierigkeiten hat, und sagen Sie ihm auch, dass Sie sich darüber freuen. Hier liegt der Erfolg!

Diese Leseförderung sollten Sie möglichst täglich betreiben, aber bitte nicht länger als 15 Minuten. Wenn Ihr Kind noch zu Beginn der Leseentwicklung steht und z.B. im ersten Schuljahr ist, achten Sie bitte darauf, dass Sie Ihrem Kind die Laute (und nicht die Buchstabennamen) als Hilfestellung nennen, also nur ein trockenes *p* mit den Lippen explodieren lassen und keine Silbe *pe* sprechen.

Besonders hilfreich ist häufig die Unterstützung des Lesens durch die Markierung von Silben. Malen Sie unter die einzelnen Silben eines Wortes Silbenbögen, deren Anfang und Ende zugleich der Anfang und das Ende der Silbe sind. Sie können die grafische Unterstützung durch Silbenbögen auch gemeinsam mit Ihrem Kind vornehmen. Die meisten Kinder malen gern, und gerade wenn das Lesenlernen schon mit Frust verbunden wird, führt Ihr Kind vielleicht gern eine Aufgabe aus, die scheinbar nichts mit dem Lesen zu tun hat.

Geeignete Hilfsmittel

Leselineale gibt es in zwei verschiedenen Ausführungen. Eine Form des Leselineals dient zur Vergrößerung des Textes, eine andere Form deckt die Zeile ab und lässt nur einen Ausschnitt des Textes frei.

Das Abdecken des nachfolgenden Lesetextes bringt für einzelne Legastheniker eine deutliche Erleichterung beim Lesen. Das wird damit erklärt, dass das Auge durch die Verteilung der Neuronen auf der Netzhaut in der Lage ist, bereits Informationen des Textes wahrzunehmen, den wir noch nicht bewusst sehen. Möglicherweise beeinflusst diese peripher wahrgenommene Buchstabeninformation bei Legasthenikern die Informationsaufnahme, während das Kind ein Wort fixiert, um es zu lesen.

Eine Vergrößerung des Textes durch ein entsprechendes Lineal wird ebenfalls von einem Teil der Legastheniker als angenehm und entlastend beim Lesen erlebt.

Förderung des Schreibens/ Rechtschreibens in der Familie

In vielen Familien ist die tägliche Anfertigung der Hausaufgaben die schwerste Zeit des Tages. Das muss nicht sein. Wenn Sie sich entschließen, Ihr Kind bei den Hausaufgaben zu betreuen, sollten Sie in jedem Fall die auf Seite 182/183 folgenden zwölf Grundregeln für eine erfolgreiche Zusammenarbeit beherzigen, oder – falls Sie zu dem Schluss gelangen, dass Ihnen das nicht möglich ist – Sie sollten die Finger davon lassen und sich evtl. damit begnügen, die vom Kind allein angefertigten Hausaufgaben anzusehen und sich davon zu überzeugen, dass sie vollständig erledigt wurden, ohne auf mögliche Fehler einzugehen.

Sie haben andere Möglichkeiten, unaufdringlich mit Ihrem Kind in der Familie das Schreiben zu üben. Lassen Sie es den Einkaufszettel schreiben, während Sie umhergehen und nachsehen, was fehlt oder auszugehen droht. Stellen Sie ihm die leere Packung hin, damit es das Wort richtig vor Augen hat. Ermutigen Sie es, der Oma oder Patentante in einem Briefchen fürs Geburtstagsgeschenk zu danken. Es genügt ja, wenn Ihr Kind zwei Sätze schreibt, und über die Fehler wird die Adressatin schon hinwegsehen.

Bei diesen Dingen kommt es allein darauf an, Ihrem Kind das Schreiben in Zusammenhängen nahezubringen, die ihm Spaß machen – wie der Einkauf der Lieblings-Eismarke – oder wichtig sind – wie die Beziehung zur Großmutter.

175

Auch andere Schreibanlässe, z. B. eine Reportage, ein Geschichtenbuch oder ein Reisetagebuch, in das man auch Bilder (Postkarte, Fahrscheine etc.) klebt, machen Spaß und sollten genutzt werden.

Üben mit dem Karteikasten

Das Schreiben von Lernwörtern zu Hause ist sinnvoll. Die Auswahl von Lernwörtern sollte sich an dem Lernmaterial der Schule orientieren. Die Lernwörter können in einer Lernwörterkartei gesammelt werden.

Dazu schaffen Sie sich einen kleinen Karteikasten mit Karteikarten der Größe DIN A6 oder 7 an. Auf jede Karteikarte wird ein Wort geschrieben. Hilfreich ist es, wenn Sie für die Wortarten verschiedene Kartenfarben verwenden. Dieses Vorgehen unterstützt das Lernen der Wortarten. Schreiben Sie das Wort in der in der Schule verwandten Schrift auf die Karte. Bei den Nomen sollte der Begleiter (Artikel) mit aufgeschrieben werden (nicht *Apfel*, sondern *der Apfel*). Ergänzend kann man dann noch die Mehrzahl aufschreiben, um auch die Mehrzahlbildung zu üben *(der Apfel, die Äpfel)*. Bei den Verben sollte man auch das Personalpronomen aufschreiben (z. B. *du läufst*). Bei den Verben sollte man darunter auch immer die Grundform aufschreiben *(sie läuft, laufen)*. Sie können zusätzlich die besonderen Problemstellen des Wortes markieren, um die Aufmerksamkeit auf diesen Sachverhalt zu lenken.

Diese Kartei wird benutzt, um die Wörter regelmäßig zu wiederholen. An jedem Tag sollten Sie zehn Minuten mit der Kartei arbeiten. Dabei können Sie folgendermaßen vorgehen.

Sie wählen zehn Wörter aus und diktieren sie Ihrem Kind. Sie können aber auch Wörter auswählen und damit Sätze bilden und diese Sätze diktieren. Manchmal ist es für die Kinder motivierend, sich selbst Sätze aus den vorhandenen Lernwörtern zu bilden. Es dürfen auch Sätze ohne Sinn sein – entscheidend ist, dass Ihr Kind Spaß hat, die Wörter zu schreiben.

Wenn ein Wort dreimal in Folge richtig geschrieben wird, wird es in der Kartei nach hinten sortiert. Wichtig ist bei der Lernwortkartei, dass die Prinzipien der Verschriftlichung deutlich gemacht werden.

Vorsicht vor falschen Rechtschreib-Tipps!
Dieses häusliche Üben von Lernwörtern ist jedoch nicht einfach. Dabei können Sie eine Reihe von Fehlern machen.
Hier ein paar Beispiele, bei denen kein Hinhören hilft:

- Schreibung der Endung von Auslauten, z.B. *Bild*. Hier kann man nicht unterscheiden, ob ein *t* oder *d* geschrieben wird, wenn man hinhört!
- Schreibung der Endung *-er*, z.B. bei *Mutter*
- Schreibung von *äu* oder *eu*, z.B. *Häuser* oder *Eulen*
- Schreibung von Verben in gebeugter Form, z.B. *er geht*

Hinhören hilft aber bei der Unterscheidung von lang und kurz gesprochenen Vokalen im Wortstamm, z.B. dass das *A* in *Nase* lang, aber in *Tasse* kurz gesprochen wird. Dieses Wissen kann Ihr Kind anwenden, um die auf den Vokal folgenden Konsonanten richtig zu schreiben.

Laufdiktat

Ihr Kind kennt diese Übungsform vielleicht auch schon von der Schule. Hierzu wird ein kurzer Text ausgesucht, der aus den Wörtern zusammengesetzt ist, die Ihr Kind bereits kennt. Dieser Text wird auf ein Blatt Papier mit möglichst großen Schriftzeichen (16 Punkt) ausgedruckt und an die Wand gesteckt oder auf einen Tisch gelegt.

Die Aufgabe besteht nun darin, dass Ihr Kind diesen Text auf ein zweites Blatt Papier schreibt. Dazu geht es zu dem Text, betrachtet ein Wort sehr genau und versucht es sich zu merken. Nun geht Ihr Kind zu dem Blatt Papier und schreibt dieses Wort auf. So wird nach und nach der Text abgeschrieben. Abschließend schaut Ihr Kind den gesamten Text noch einmal durch.

Mit dieser Methode soll Ihr Kind lernen, sich Wörter einzuprägen und aus dem Gedächtnis zu reproduzieren.

Das Anfertigen der Hausaufgaben

Die Unterstützung des legasthenen Kindes bei den Hausaufgaben führt oft zu erheblichen Spannungen, meist zwischen Mutter und Kind (siehe Fallbeispiele auf S. 18/19 und S. 164–166). Ein wesentlicher Grund hierfür ist, dass Eltern von Seiten der Schule oft nicht angeleitet werden, wie sie ihr Kind bei den Hausaufgaben begleiten sollen.

Welche Rolle Ihnen als Eltern bei den Hausaufgaben zuteilwird, hängt wesentlich von den Lernvoraussetzungen Ihres Kindes ab. Zusätzlich sollten Sie von der Lehrerin über den aktuellen Stand des Unterrichts informiert werden und Hinweise bekommen, welche Hilfestellungen für das Kind sinnvoll sind.

Nicht selten wird von den Kindern erwartet, selbständig die Hausaufgaben zu bewältigen. Dies mag in Einzelfällen gelingen, aber gerade legasthene Kinder benötigen oft Unterstützung. Diese Unterstützung könnte im häuslichen Rahmen dann gegeben werden, wenn im Gegensatz zur Klassensituation zu Hause eine 1:1-Betreuung durch einen Elternteil möglich wäre. Wenn Ihr Kind zusätzlich ein ADHS oder eine emotionale Störung hat, lassen Sie sich am besten von Ihrem Therapeuten beraten, wie die Hausaufgaben erfolgreich angefertigt werden können. Da gerade Kinder mit einer Legasthenie und ADHS häufig sehr unstrukturiert sind, fängt die Hausaufgaben oft mit der Unklarheit darüber an, was überhaupt die Hausaufgaben des Tages sind. Hier ist es hilfreich, eng mit der Lehrkraft zu kooperieren. So könnte zum Beispiel die Lehrerin bei diesem Schüler die Hausaufgaben schriftlich in ein spezielles Heft eintragen und ihm mitgeben. Jetzt kann auch die Mutter nachvollziehen, was die Aufgaben sind.

Auf Seite 180 finden Sie meine Empfehlungen für eine positive Gestaltung der Hausaufgabensituation.

Allerdings sollten sich Eltern auch nicht überfordern. Wenn es Ihnen trotz intensiven Bemühens nicht gelingt, die Hausaufgaben ohne größere Streits zu bewältigen, sollten Sie auch an eine Hausaufgabenhilfe zum Beispiel in einer Betreuung denken. Zum Teil gibt es Angebote der Jugendhilfe im Rahmen einer heilpädagogischen Hilfe, Hausaufgabenbetreuung, LRS-Hilfen und Verhaltenstraining zu kombinieren.

Empfehlungen für die Hausaufgabensituation

· Zu Beginn den Umfang der Hausaufgaben besprechen
· Zeit für die Hausaufgaben begrenzen
· Ziel des gemeinsamen Besprechens der Hausaufgaben vor Beginn festlegen
· Einen ruhigen, ungestörten Ort für die Hausaufgaben auswählen
· Selbständigkeit des Kindes fördern
· Hausaufgaben strukturieren
· Ruhe und Gelassenheit mitbringen und ausstrahlen

Spezifische Trainings zur Förderung des Lesens und Rechtschreibens für zu Hause

Es gibt kaum spezifische Trainingsprogramme, die für Eltern zur Förderung zu Hause konzipiert sind. Hintergrund mag die Überlegung sein, dass es nicht sinnvoll ist, wenn Eltern selbst mit ihren Kindern systematisch üben. Die angespannte familiäre Situation, fehlende zeitliche Ressourcen und unzureichende Kompetenz der Eltern lassen ihre Rolle als Trainer ihres Kindes möglicherweise weniger sinnvoll erscheinen. Daher sollten vorher die Voraussetzungen für ein Training zu Hause geklärt werden.

Wenn die Voraussetzungen für ein gemeinsames Üben erfüllt sind (siehe Abbildung unten), muss zunächst überprüft werden, wo der Schwerpunkt der Förderung liegt, im Lesen oder Rechtschreiben oder in Teilfertigkeiten, die Voraussetzungen für das Lesen sind, wie z. B. phonologische Bewusstheit. Die Klärung dieser Frage setzt eine ausführliche Diagnostik voraus, die zunächst durchgeführt werden muss.

Gemeinsam mit der Person, die die Diagnostik durchgeführt hat, sollten Sie überlegen, welches Konzept der häuslichen Förderung sinnvoll erscheint. Ferner sollten Sie klären, ob es

Voraussetzungen für ein häusliches Training im Lesen und/oder Rechtschreiben

· Ausreichend Zeit für regelmäßiges Üben über einen Zeitraum von mindestens einem Jahr
· Keine angespannte oder belastete Eltern-Kind-Interaktion in Bezug auf das Lernen
· Bereitschaft eines Elternteils, mindestens zweimal wöchentlich für eine halbe Stunde allein mit dem Kind zu üben
· Möglichkeit, zweimal pro Woche eine ungestörte Lernatmosphäre zu schaffen
· Bereitschaft des Kindes, mit einem Elternteil regelmäßig zu Hause zu üben
· Möglichkeit der professionellen Anleitung bzw. Betreuung für den übenden Elternteil

einen Ansprechpartner gibt, der Ihre individuelle häusliche Förderung begleitet und Sie berät, wenn Fragen und Probleme auftauchen.

Zwölf Grundregeln für die Zusammenarbeit mit Ihrem Kind

Diese Grundprinzipien sollten Sie bei der häuslichen Förderung beachten:

Erstens: Die Förderung sollte auf einem systematischen Konzept beruhen, dessen Wirksamkeit nach Möglichkeit in wissenschaftlichen Studien nachgewiesen wurde.

Zweitens: Legen Sie sich auf ein Förderkonzept fest. Die Kombination aus verschiedenen Materialsammlungen ist nicht zu empfehlen.

Drittens: Die Rahmenbedingungen für die Förderung sollten vorab klar geregelt werden.

Viertens: Eine häusliche Förderung stellt eine Verbindlichkeit für die Eltern und das Kind dar.

Fünftens: Wenn bei der Durchführung erhebliche Schwierigkeiten auftreten, die auch nach einem Klärungsversuch anhalten, sollten Sie das Training lieber abbrechen, als es mit zunehmenden Schwierigkeiten bei ungünstigen Bedingungen weiterzuführen.

Sechstens: Das häusliche Training sollte mit der Schule abgestimmt werden.

Siebentens: Sowohl das Kind als auch der das Training durchführende Elternteil müssen eine positive Einstellung zum Training haben.

Achtens: Ihr Kind benötigt beim Üben eine unmittelbare Rückmeldung.

Neuntens: Stärken Sie Ihrem Kind den Rücken, auch wenn es enttäuscht ist. Die Klärung der gegenseitigen Erwartungen ist wichtig.

Zehntens: Verbinden Sie Ihre emotionale Zuneigung und Unterstützung nicht mit den Leistungen beim Üben im Lesen und Rechtschreiben. Sie haben Ihr Kind nicht weniger lieb, weil es falsch schreibt.

Elftens: Machen Sie Ihrem Kind nichts vor. Es versteht Sie besser, als Sie womöglich denken!

Zwölftens: Glauben Sie an die Fähigkeiten Ihres Kindes, auch wenn das Kind oder die Lehrer das bereits nicht mehr tun!

Einsatz von Belohnern

Ein wichtiges Thema bei der häuslichen Förderung ist die wechselnde Motivation des Kindes und die adäquate Reaktion darauf. Häufig werden zur Steigerung der Motivation Belohner eingesetzt. Wenn nach Absprache ein gewisses Verhalten oder Ziel erreicht wurde, können Belohner als Anerkennung und Aufrechterhaltung der Motivation eingesetzt werden. Eine Vielzahl von Belohnern ist möglich; entscheidend ist, dass vorher festgelegt wird, was und wann belohnt werden soll. Empfehlenswert ist, die Belohnung nicht allzu weit aufzuschieben, da ansonsten der gewünschte Effekt nur noch schwer zu erreichen ist.

Fallbeispiel: Wie arbeitet man mit Belohnern?

Max übt seit einem Monat zusammen mit seiner Mutter mit dem Marburger Rechtschreibtraining. Eigentlich hat er keine Lust zum regelmäßigen Üben, er würde lie-

ber nachmittags Fußball spielen und mit seinen Freunden draußen sein. Seine Mutter hat ihm eine Belohnung in Aussicht gestellt, wenn er den nächsten Monat regelmäßig an den gemeinsam besprochenen Übungseinheiten teilnimmt. Max denkt bereits darüber nach, was er sich so alles als Belohner wünschen will. Zum Beispiel einen Besuch im Fußballstadion zum Bundesligaspiel. Heute wollen sich Max und seine Mutter zusammensetzen, um die Termine zu vereinbaren und über die Belohner zu sprechen. Für die Termine hat Max' Mutter einen großen Zettel mitgebracht, auf dem alle Wochentage des Monats eingezeichnet sind. Für jede Woche suchen sie gemeinsam nach zwei freien Zeiträumen. Diese sollten nicht am Abend und auch nicht direkt nach der Schule sein. Es ist gar nicht so einfach, denn auch Max' Mutter hat eine Reihe von Terminen am Nachmittag. Schließlich einigen sie sich auf zwei Wochentage, jeweils von 14.00 bis 15.00 Uhr.

Dann erzählt Max seine Wünsche für die Belohner. Seine Mutter muss ihn enttäuschen, dass ein so großer Belohner zurzeit aus finanziellen Gründen nicht möglich ist. Sie schlägt vor, dass sich Max für jeden Übungstermin einen Belohner verdienen kann. Dieser wird auf dem Monatsplan eingetragen. Wenn sich Max zwei Belohner verdient hat, würde sie ihm ein Eis spendieren. So suchen sie gemeinsam nach weiteren Belohnern, die auf dem Wochenplan eingetragen werden. Als Bonus für ein Jahr wird tatsächlich das begehrte Fußballspiel in Aussicht gestellt.

Empfehlenswert ist, vor dem Einsatz eines Belohnungsplans alle Bedingungen gemeinsam mit dem Kind zu besprechen und schriftlich festzuhalten. Möglicherweise ist es auch für das Kind sinnvoll, sich den Plan der Übungstermine mit dem Belohnungsplan zusammen aufzumalen und diesen Plan in seinem Zimmer aufzuhängen.

Vermeiden Sie allzu große Belohner, die in keinem Verhältnis zur Aufgabe stehen. Da die Förderung über einen längeren Zeitraum durchgeführt werden muss, sollte auch überlegt werden, dass es möglicherweise bis zum Ende der Förderung notwendig ist, Belohner einzusetzen.

Der Zeitrahmen

Vor Beginn einer Trainingswoche sollten die Termine festgelegt werden. Am besten werden diese Termine schriftlich in einem Terminplaner geschrieben. Die Trainingstermine sollten über die Woche verteilt sein. Aber auch eine Förderung am Wochenende kann sinnvoll sein, wenn unter der Woche keine sinnvollen Termine zustande kommen. Nicht sinnvoll sind z. B. Trainingstermine abends, weil dann die Konzentration und Aufmerksamkeit der Kinder sehr gering sind. Auch sollte bedacht werden, dass eine Trainingseinheit vorbereitet werden muss. Kalkulieren Sie also nicht allein die 30 Minuten Förderung ein, sondern auch die Vorbereitungszeit.

Um die Trainingseinheit einzuhalten, ist das Aufstellen einer Uhr möglicherweise sinnvoll. Die Uhr zeigt den Eltern, dass nur 30 Minuten lang geübt und die Zeit auch nicht überschritten wird. Dem Kind zeigt sie, dass es sich nur 30 Minuten mit den Übungen beschäftigen muss, und ermöglicht gleichzeitig die Kontrolle darüber, dass diese Zeitspanne auch tatsächlich eingehalten wird.

Teilweise besteht die Tendenz, mehr zu üben, als vorgesehen ist. Die Versuchung ist groß, etwas »nur eben noch einmal« vom Kind schreiben zu lassen. Aber hier müssen Sie als Eltern Disziplin üben und sich an die Vereinbarung halten.

Das Training sollte an einem ruhigen Ort durchgeführt werden. Störungen durch Telefon oder Geschwisterkinder sollten vermieden werden. Dazu bedarf es nicht selten einer guten Organisation. Möglicherweise kann der Partner entlastend mitwirken.

Einbeziehung aller Familienmitglieder

Die Geschwisterkinder, mit denen nicht trainiert wird, erleben es häufig als Bevorzugung, dass dem legasthenen Kind die besondere Zuwendung der Mutter in Form des Trainings zukommt. Daher sollten Sie versuchen, auch dem Geschwisterkind Angebote zu machen.

Damit ein häusliches Training erfolgreich sein kann, sollte der andere Elternteil dieses Training unterstützen. Wenn das Kind keine Lust mehr hat, muss es von beiden Eltern gemeinsam erfahren, dass sie dieses Training für wichtig und erfolgreich erachten. Außerdem braucht der das Training durchführende Elternteil Unterstützung.

Nutzen des häuslichen Trainings

Lassen Sie sich, bevor Sie ein Training beginnen, darüber beraten, welche Erfolge zu erwarten sind, um Enttäuschung und Frustration bei sich und Ihrem Kind zu vermeiden.

Meist wird der Effekt des Trainings überschätzt. Die legasthenen Kinder benötigen viel Zeit, um z. B. eine neue Rechtschreibstrategie zu entwickeln.

Was Sie erwarten können: Nach einem Jahr Training nimmt die Fehlerzahl bei Diktaten voraussichtlich ab; zumindest verbessern sich die Kinder meist in dem trainierten Rechtschreibbereich. Jedoch gelingt auch dann eine Übertragung auf die schulische Situation häufig noch nicht. Die schulischen Anforderungen sind meist so komplex, dass trotz Trainings die Leistungen oft noch unterdurchschnittlich sind.

Diese Informationen sollten Sie aber keinesfalls entmutigen. Untersuchungen zum *Marburger Rechtschreibtraining*, das Eltern selbständig durchführen können, zeigen:

- Nach einem Jahr Training zeigen sich erste Trainingseffekte.
- Nach zwei Jahren ist ein deutlicher Leistungsfortschritt da, der sich auch mit Rechtschreibtests nachweisen lässt.

Das Marburger Rechtschreibtraining: Vorstellung eines Erfolgsprogramms

Ein Programm, das systematisch aufgebaut ist und sehr strukturiert gegliedert ist, ist das *Marburger Rechtschreibtraining*. Dieses Programm wurde mit Eltern im Rahmen eines Elterntrainings über zwei Jahre erprobt. Dabei zeigte sich, dass Eltern, wenn bestimmte Voraussetzungen erfüllt sind, gut mit dem Programm arbeiten können und dass sich die

Rechtschreibleistung des legsthenen Kindes nach zwei Jahren deutlich verbessert.

Der Aufbau des Programms ist so gestaltet, dass Sie es zu Hause gut durchführen können. Die Abbildung zeigt Ihnen die Struktur des Programms.

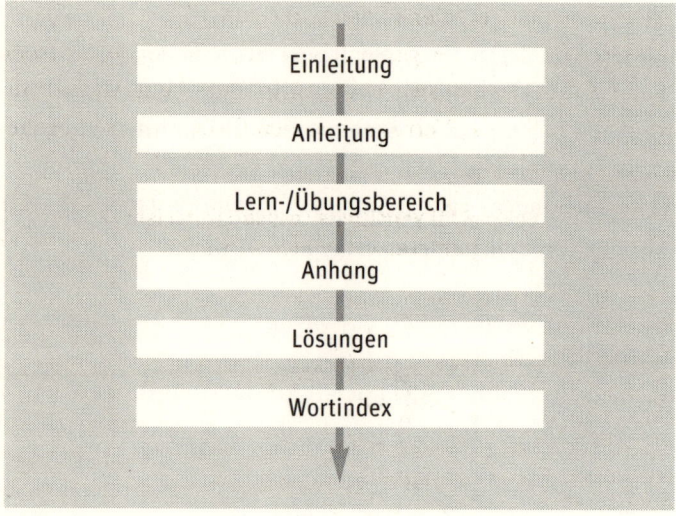

Aufbau und Struktur des *Marburger Rechtschreibtrainings*

Das Programm besteht aus zwölf Kapiteln, die jeweils einen Anleitungs-, einen Lern- und einen Übungsbereich enthalten. Zusätzlich sind im Anhang Arbeits- und Lernmaterialien zusammengestellt. Zu jedem Kapitel des Lern- und Übungsbereichs werden in der Anleitung Detailinformationen gegeben. Das Wortmaterial des Trainings ist in einem Wortindex zusammengefasst.

Die zwölf Kapitel bauen aufeinander auf. Das Training ist so angelegt, dass es nicht allein durch das rechtschreibschwache Kind durchgeführt wird. Das Prinzip dieses Programms besteht in dem gemeinsamen Erarbeiten der einzelnen Lern- und Übungsbereiche durch Eltern(teil) und Kind.

Neue Lösungsstrategien finden und einüben

Unsere Überlegungen gehen davon aus, dass den legasthenen Kindern die Lösungswege, die nicht legasthene Kinder anwenden, nicht zur Verfügung stehen. Daher werden in die-

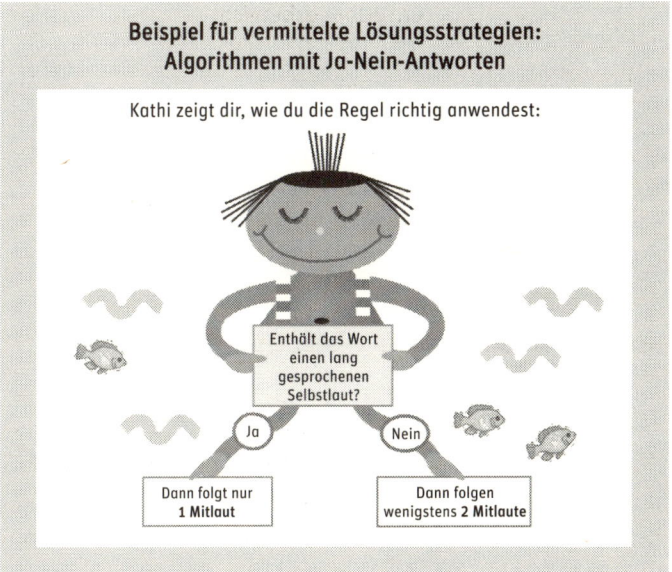

Beispiel für einen Lösungsschritt bei der Unterscheidung von kurz und lang gesprochenen Selbstlauten im Wortstamm. Aus dem Marburger Rechtschreibtraining (Quelle: Schulte-Körne und Mathwig 2007)

sem Training neue Lösungsstrategien angeboten. Um diese neuen Strategien anwenden zu können, wurden spezielle Rechtschreib-Algorithmen entwickelt. Algorithmen sind bestimmte Lösungswege, die die Kinder erlernen, um mit ihrer Hilfe zur richtigen Verschriftlichung eines Worts zu gelangen (vgl. Abbildung auf S. 189).

Eine weitere Lösungsstrategie besteht in der Visualisierung von weitestgehend auditiven Problemen. Da viele Kinder große Schwierigkeiten bei der Unterscheidung von lang und kurz gesprochenen Selbstlauten (z. B. in *Nase* oder *Tasse*) haben, wird eine Lösungsstrategie vermittelt, die auf einer

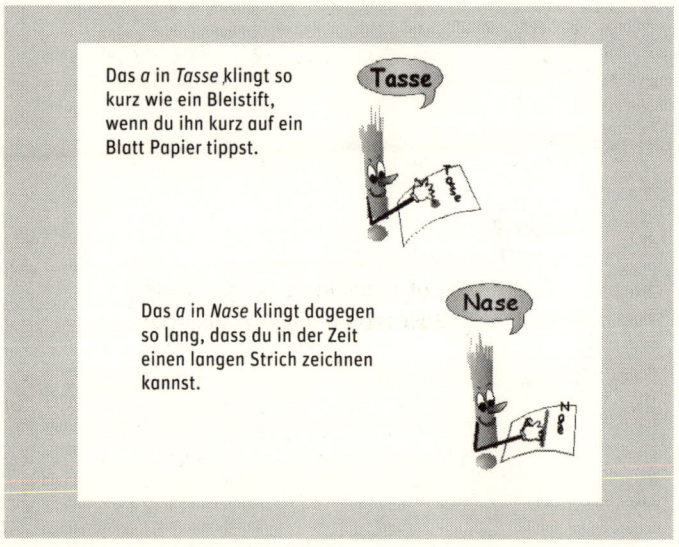

Beispiel für die Visualisierung und grapho-motorische Umsetzung von Lösungswegen bei der Rechtschreibung. Aus dem Marburger Rechtschreibtraining (Quelle: Schulte-Körne und Mathwig 2007)

Visualisierung und grapho-motorischen Umsetzung aufbaut. So wird für den kurz gesprochenen Selbstlaut (Vokal) ein Punkt, für den lang gesprochenen Selbstlaut ein horizontal verlaufender Strich unter dem Selbstlaut eingeführt (vgl. Abbildung auf S. 190).

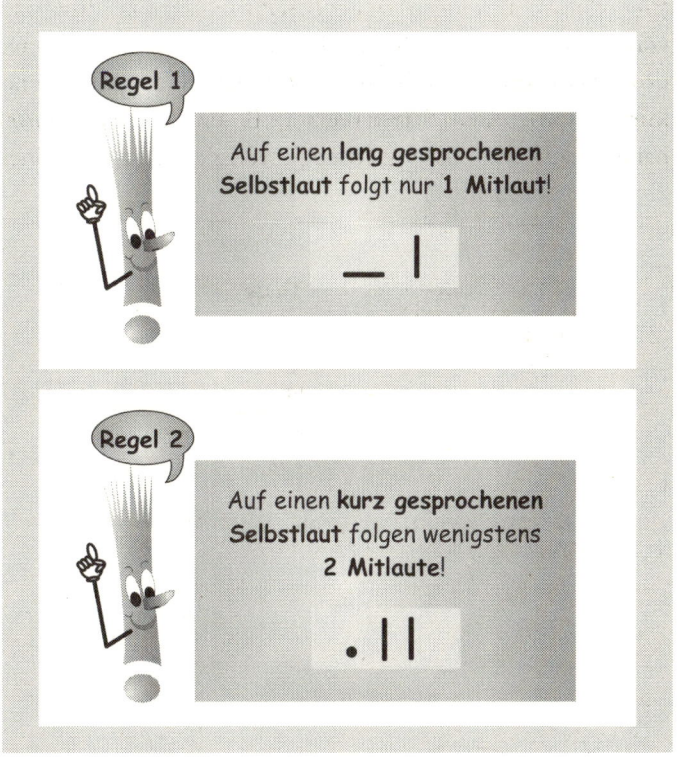

Beispiel für die Regeln, die im Rahmen des Marburger Rechtschreibtrainings eingesetzt werden. Aus dem Marburger Rechtschreibtraining (Quelle: Schulte-Körne und Mathwig 2007)

Für einen auf einen Selbstlaut folgenden Mitlaut steht ein senkrechter Strich, für zwei auf einen Selbstlaut folgende Mitlaute zwei Striche. Auch bei den Regeln wird auf diese Techniken der Markierung der Länge der Selbstlaute und der folgenden Anzahl von Mitlauten zurückgegriffen (siehe Abbildung auf S. 191).

Aufbau des Trainingsprogramms

In zwölf Kapiteln werden die Lerninhalte des Trainings präsentiert. Ihr Kind wird umfangreiches Material durcharbeiten und dabei die einzelnen Lerninhalte gut umsetzen. Dazu dienen ihm verschiedene Formen von Übungen (siehe Abbildung auf S. 193). Jedes Kapitel behandelt im Wesentlichen nur einen Lernbereich. Die Übungen sind so konzipiert, dass zunächst allein dieser Lernbereich geübt wird. Erst wenn er »sitzt«, wird dieser Bereich einem bereits gelernten in verschiedenen Übungen gegenübergestellt. Lern- und Übungsabschnitte wechseln sich in den Kapiteln ab, zu Beginn steht meistens ein Lernabschnitt.

Der Lernfortschritt wird anhand von Wiederholungsübungen regelmäßig gefestigt. Die Kapitel enden mit einer Erfolgskontrolle: Ihr Kind schreibt dann ein Lücken- oder Satzdiktat. Der komplette Diktattext ist in einem eigenständigen Lösungsbereich zu finden.

Vermittlung von Regeln

Die Regeln stellen ein wesentliches Grundgerüst des Rechtschreibtrainings dar. Das Programm enthält insgesamt acht Regeln. Anhand dieser Regeln können zwar nicht alle Recht-

 **Übung 3**

Unterscheide zwischen lang und kurz gesprochenem Selbstlauten.
Lies die folgenden Wörter. Setze unter die lang gesprochenen
Selbstlaute einen Strich. Beachte immer nur den fett geschriebenen
Selbstlaut.

Vogel	Hund		
Vater	Hand	Gast	Schranke
Tag	Wagen	Dame	Pech
Bruder	Kind	Socke	Tatze
Hund	Kasper	Tal	Rot
Zug	Loch	Balken	Tafel
Tante	Ton	Flur	Kran
Kopf	Winter	Haken	Hunger
Schule	Nase	Ding	Block
Junge	Stube	Grube	Binde
Vogel	Hals	Kerze	Tor
Katze	Locke	Leder	Topf
Katze	Locke	Leder	Topf

Leseübungen mit der Unterscheidung der Vokallänge im Wortstamm.
Aus dem Marburger Rechtschreibtraining (Quelle: Schulte-Körne und
Mathwig 2007)

schreibprobleme gelöst werden, weil eine Reihe von Wörtern diesen Regeln zufolge nicht richtig verschriftlicht werden können, aber diese Ausnahmen sind vergleichsweise selten.

Nach dem Durcharbeiten der einzelnen Kapitel soll Ihr Kind die Rechtschreibregeln, z. B. bei den Hausaufgaben, anwenden – zunächst mit Hilfe der Lern- und Regelkarten.

Das *Marburger Rechtschreibtraining* ist für Kinder ab Ende der zweiten Klasse geeignet. Auch Kinder der fünften und sechsten Klasse profitieren von diesem Förderprogramm, dessen Wirksamkeit in mehreren Studien belegt wurde. Auf dem Konzept aufbauend, ist von unserer Arbeitsgruppe auch ein Rechtschreibförderprogramm für die weiterführenden Schulen entwickelt worden.

Nicht zu viel üben!

Die Übungs- und Lerneinheiten sollten auf zwei Einheiten pro Woche verteilt werden. Ein häufigeres Üben kann Ihr Kind überfordern. Außerdem braucht es ein ausreichendes Maß an Freizeit und verliert die Motivation, wenn diese zu stark beschnitten wird.

Üben Sie jeweils nie länger als 30 Minuten und richten Sie sich bei der Dauer der Übungseinheiten nach der Belastbarkeit Ihres Kindes. Achten Sie darauf, dass die Lernzeiten nicht auf die Abendstunden gelegt werden und dass ein ruhiger Ort zum Lernen und Üben zur Verfügung steht.

Unterstützung durch die Schule

Ein großer Teil der Förderung legasthener Kinder sollte durch die Schule übernommen werden. Häufig sind jedoch die schulischen Kapazitäten viel zu gering. Es fehlt an Lehrern, die für diese Aufgabe ausgebildet sind, und an Förderkonzepten, deren Wirksamkeit überprüft wurde.

Die Schule hat eine zentrale Funktion bei der Diagnostik, Förderung und Beratung des legasthenen Kindes und seiner Eltern. Dies bedeutet, dass Lehrer das Auftreten von Schwierigkeiten im Lesen und/oder Rechtschreiben als Erste bemerken und beschreiben sollten. Idealerweise werden im Gespräch mit den Eltern diese Beobachtungen mitgeteilt und gemeinsam überlegt, welche Hilfen dem legasthenen Kind angeboten werden können und wie diese umgesetzt werden. Welche Aufgaben die Eltern bei der Unterstützung des Kindes übernehmen können, sollte ebenfalls besprochen werden.

Formen der schulischen Förderung

Die Förderung eines legasthenen Kindes wird in den Schulen recht unterschiedlich wahrgenommen. Die Unterschiede bestehen sowohl in der Quantität als auch in der Qualität der Angebote.

Binnendifferenzierung

Die sogenannte *Binnendifferenzierung* (oder *innere Differenzierung*) setzt auf die Förderung im Klassenverband. Allerdings ist mit dem Begriff Binnendifferenzierung kein spezifisches Konzept beschrieben.

Die Lehrerin kann unterschiedliche *Leistungsgruppen* im Klassenverband bilden. Diese sollten allerdings in ihrer Leistung homogen sein. Dies bedeutet, dass schwächere und leistungsstärkere Kinder in Gruppen zusammengefasst werden. Diese Gruppenaufteilung ermöglicht, die Lerngeschwindigkeit und den Lernumfang zu kontrollieren und entsprechend den Fähigkeiten des Kindes anzupassen.

Da Leistungsgruppen jedoch auch dazu führen können, dass die Kinder in der Klasse sich voneinander abgrenzen und dadurch insbesondere die leistungsschwächeren Kinder benachteiligt sind, sollte *individuelle Förderung* in Form z. B. kooperativer Arbeitsweisen gefördert werden. Formen der individuellen Förderung sind die Einführung von Partnerarbeit, das Arbeiten mit einer Werkstatt, in der verschiedene Statio-

197

nen vorgesehen sind, mit denen jedes Kind seine Aufgaben löst (z. B. Lückenwörter eintragen, Rätsel lösen).

Binnendifferenzierung dehnt sich unter Umständen auch auf die Hausaufgaben aus. So kann es sinnvoll sein, entsprechend dem Lernstand des einzelnen Kindes differenziert Hausaufgaben zu verteilen.

Fallbeispiel: Partnerarbeit in der Schule

Peter und Regina sollen mit den Wortkarten die Unterscheidung von kurz und lang gesprochenen Vokalen im Wortstamm üben. Die Deutschlehrerin hat für diese Aufgabe Wortkarten ausgeteilt. Auf diesen Karten sollen die beiden das Zeichen für die Vokallänge unterhalb des Vokals markieren: einen Punkt für den kurz gesprochenen Vokal und einen langen Strich für den lang gesprochenen Vokal.

Peter und Regina besprechen, wie sie die Aufgabe lösen werden. Sie entscheiden, dass bei der Hälfte der Wörter Peter das Wort zuerst laut vorspricht. Dann soll er den Vokal einmal lang und einmal kurz aussprechen. Regina entscheidet dann, ob der Vokal kurz oder lang richtig gesprochen ist. Dann besprechen sie ihre Entscheidung, und Peter malt das entsprechende Zeichen unter den Vokal. Am Anfang diskutieren die beiden noch häufig über Reginas Vorschlag, aber bald sind sich beide schnell einig, welches die richtige Lösung ist.

Schulische Fördergruppen

In *Fördergruppen* fassen die Schulen ausschließlich Kinder mit Schwierigkeiten beim Lesen und Rechtschreiben zusammen; damit ist die Lernsituation emotional entlastet. Durch eine Gruppenbegrenzung auf maximal fünf bis sechs Kinder ist es der Lehrerin möglich, sich individuell dem einzelnen Kind zuzuwenden.

Die Einrichtung von Fördergruppen kann eine wirksame Fördermethode sein, wenn die folgenden drei Regeln eingehalten werden.

Erstens: Der Förderunterricht findet zweimal wöchentlich in Kleingruppen statt. Wie selten diese Regel eingehalten wird, lesen Sie auf Seite 202.

Zweitens: Die Gruppenzusammensetzung sollte möglichst leistungshomogen und störungsspezifisch sein. Das bedeutet beispielsweise, dass Kinder mit einer Rechenschwäche separat von Kindern mit einer Legasthenie gefördert werden.

Drittens: Die Fördergruppe arbeitet nach einem wirksamkeitsgeprüften Konzept. Es liegt auf der Hand, dass das zugrundeliegende Konzept entscheidend für den Erfolg von Fördergruppen ist (siehe Abbildung auf S. 200) und dass die Förderung nur auf wirksamkeitsgeprüfte Förderkonzepte aufgebaut werden sollte. Aber davon gibt es zurzeit erst wenige.

Das *Marburger Rechtschreibtraining* hilft weiter

Die Abbildung auf Seite 200 zeigt den Verlauf der Lese- und Rechtschreibleistung von Kindern mit einer Legasthenie in schulischen Fördergruppen. Im Rahmen eines Modellprojektes wurde die Wirksamkeit des *Marburger Rechtschreibtrainings* und einer schulinternen Förderung untersucht. In Kleingruppen bis maximal sieben Kindern wurden zweimal wöchentlich Schüler der zweiten und dritten Klasse gefördert. Die Förderung fand in den ersten bis vierten Schulstunden parallel zum normalen Unterricht statt. In den Förderstunden wurde 20 Minuten mit dem Trainingsprogramm gearbeitet, die restliche Zeit wurde zum Spielen mit den Kindern verwendet. Die Kinder in den Fördergruppen arbeiteten z. T. einzeln, z. T. in Gruppen.

Die Kinder waren sehr motiviert und freuten sich auf die Förderstunden. In einem speziellen Förderraum waren an den Wänden die Materialien des Trainingsprogramms aufgehängt. Jedes Kind hatte seine eigene Fördermappe, die mit Hilfe von Fotokopien erstellt wurde.

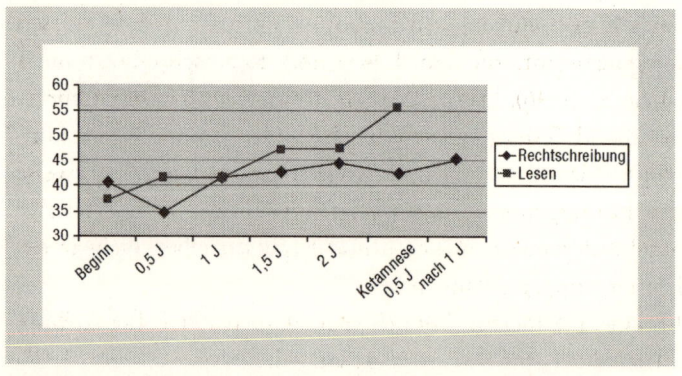

Ergebnisse einer Studie zur Wirksamkeit schulischer Fördergruppen auf die Lese- und Rechtschreibleistung. Beide Kurven zeigen, dass sich die Kinder der schulischen Fördergruppen im Rahmen einer zweijährigen Förderung deutlich verbesserten. (Quelle: Schulte-Körne et al. 2003)

Nach Abschluss des Förderprogramms wurde die Entwicklung im Lesen und Rechtschreiben weiter verfolgt. In der Abbildung können Sie sehen, dass die Kinder sich trotz des Endes der Förderung weiterhin im Lesen und Rechtschreiben verbesserten. Wir nehmen an, dass bereits ein sogenannter »Transfereffekt« entstanden ist. Dieser Effekt bedeutet, dass die Kinder aus dem spezifisch Gelernten jetzt in der Lage sind, ihr Wissen auf nicht gelernte Wörter zu übertragen. Das heißt, die Kinder können jetzt die Lernprinzipien und Lernstrategien anwenden, unabhängig davon, ob sie die Wörter zuvor gesehen haben oder nicht.

Welche Kinder werden in schulische Fördergruppen aufgenommen?

Leider hat sich erwiesen, dass die Einschätzung der Lehrkraft über die individuelle Lese- und Rechtschreibfähigkeit eines Kindes nur in geringem Ausmaß mit den Ergebnissen übereinstimmt, die ein Lese- und Rechtschreibtest misst (siehe S. 43–46). Da die Übereinstimmung zwischen Lehrerurteil und Testergebnissen durchschnittlich nur 25 % ist, können Sie davon ausgehen, dass viele Kinder fälschlicherweise den Fördergruppen zugeordnet werden und andere Kinder mit Förderbedarf im Lesen und Rechtschreiben nicht in die Fördergruppen gelangen.

Ein Grund hierfür könnte sein, dass bei der Beurteilung durch die Lehrkraft noch zusätzliche Kriterien eine Rolle spielen, z. B. die allgemeine Begabung, angeblich Legasthenie-typische Fehler, aber auch die soziale Schicht und das Sozialverhalten des Kindes. So kann es zu diagnostischen Einschätzungen kommen, die nicht im Sinne des spezifischen Förderbedarfs des Kindes sind.

Daher wird zu Recht die Einführung von objektiven Screeningverfahren gefordert, die den subjektiven Einfluss des Lehrerurteils mindern und eine Vergleichbarkeit der Schülerleistung in einer Klasse und Schule herstellen. Andererseits sollte die Ausbildung im Lehramtsstudium dahingehend erweitert werden, dass die angehenden Lehrerinnen und Lehrer im Studium auch die Entwicklungsprozesse des normalen und gestörten Schriftspracherwerbs lernen und in der Diagnostik von Lernstörungen einschließlich der Legasthenie geschult werden.

Erfolg der Fördergruppen

Die Wirksamkeit der schulischen Förderung wurde bisher kaum untersucht. Ein Problem dieser Form der schulischen Förderung ist ohne Zweifel, dass die Förderkurse überwiegend nach der regulären Unterrichtszeit angeboten werden. Bei Grundschülern ist das gewöhnlich die fünfte und sechste Schulstunde. Dieses Vorgehen ist nicht zu empfehlen, weil die Aufmerksamkeit und Motivation der Kinder für eine spezifische Förderung dann nicht mehr ausreichen.

Ferner weicht die Anzahl der erteilten von der der geplanten Förderstunden oft erheblich ab. Wenn durchschnittlich 70 % der geplanten Förderstunden auch wirklich erteilt werden, ist das in der deutschen Schulpraxis schon eine gute Rate.

Schulische Verwaltungsvorschriften

Die Kultusministerkonferenz hat 2003 eine Neufassung der Grundsätze zur Förderung von Schülern mit besonderen Schwierigkeiten beim Erlernen des Lesens und Rechtschreibens beschlossen. Erstmals wurden diese Grundsätze 1978 festgelegt; bis 2003 waren sie die rechtliche Grundlage für die in den einzelnen Bundesländern geltenden, eigenständigen Regelungen in Form von Erlassen und Verwaltungsvorschriften. Die einzelnen Bundesländern haben die bereits vorhandenen Erlasse und Verwaltungsvorschriften aufgrund dieser neuen Empfehlung überarbeitet. Die aktuellen, gültigen Regelungen der einzelnen Bundesländer finden Sie auf der Internetseite des Bundesverbandes Legasthenie und Dyskalkulie e.V. unter: www.bvl-legasthenie.de.

Ziel dieser Regelungen ist es, für die einzelnen Bundesländer schulische Standards im Umgang mit Kindern mit Schwierigkeiten beim Lesen und Rechtschreiben zu schaffen. Die einzelnen Regelungen weichen jedoch erheblich voneinander ab. Die Folge ist, dass Ihr legasthenes Kind recht unterschiedliche Ansprüche auf Diagnostik und Förderung hat, je nachdem, in welchem Bundesland Sie wohnen. Als Eltern sollten Sie sich in jedem Fall über die gesetzlichen Grundlagen informieren und auch die Umsetzung Ihres Anspruchs einfordern.

Der Inhalt der Richtlinien

In Bayern wurden Förderrichtlinien erlassen, die ausführlich zu folgenden Punkten Stellung nehmen: Ursachen, Erscheinungsbild, Diagnostik, Aufgaben der Schule, Fördermaßnahmen, Leistungsfeststellung und -bewertung. Im Wesentlichen wird in allen Erlassen auf diese Punkte eingegangen.

Jedoch ist die Regelung von Bundesland zu Bundesland unterschiedlich. Unterschiedlich sind auch die Empfehlungen zu den Fördermaßnahmen und vor allem der Förderdauer. Da die Legasthenie häufig bis ins Erwachsenenalter fortbesteht, ist es notwendig, die schulische Förderung und Entlastung bis zum Ende der Schulzeit festzuschreiben. Die bisherige Rechtslage ist aber ganz uneinheitlich.

So kann zum Beispiel in Bayern (www.schulberatung.bayern.de) bei Vorliegen einer Lese-Rechtschreib-Störung ein Zeitzuschlag von bis zu 50% der regulären Arbeitszeit bei der schriftlichen Leistungsüberprüfung gewährt werden, schriftlich gestellte Aufgaben können mündlich gestellt werden, und die Leistungsfeststellung kann mündlich anstatt schriftlich erfolgen (Nachteilsausgleich). Dies gilt auch für die Fremdsprachen. Ferner sind teilweise technische Hilfsmittel (Diktiergerät, Computer, Laptop) bei der Leistungsfeststellung zugelassen. Die Lese- und Rechtschreibleistung darf bei mündlichen und schriftlichen Arbeiten für die Deutschnote nicht berücksichtigt werden. Für die Note in Fremdsprachen gilt eine Gewichtung von mündlicher zu schriftlicher Leistung von 1:1. Für alle anderen Fächer darf für die Bewertung der schriftlichen Leistungen die Rechtschreibleistung nicht in die Bewertung eingehen. Im Schulabschlusszeugnis wird jedoch nur in der Deutschnote die Rechtschreibleistung nicht bewertet. Diese Regelungen gelten in Bayern bis zum Schulabschluss und schließen auch die Fachoberschulen mit ein.

Brandenburg hat eine weniger klare Regelung (die Entscheidungen über Nachteilsausgleich und Notenschutz sind nicht so deutlich formuliert und liegen überwiegend im Ermessen der Lehrerinnen und Lehrer), diese gilt aber auch in den Sekundarstufen I und II.

In Hessen und Bremen ist der Nachteilsausgleich eng an die schulische Förderung geknüpft, er beinhaltet aber auch die Berücksichtigung der Schwierigkeiten im Rechnen.

In Mecklenburg-Vorpommern, Schleswig-Holstein, Nordrhein-Westfalen und Saarland ist der Nachteilsausgleich im Wesentlichen in der Grundschule vorgesehen, in Ausnahmefällen und bei Förderung kann er nach Einzelfallprüfung bis zur Klasse 10 gewährt werden.

In Sachsen und Sachsen-Anhalt gilt die Verwaltungsvorschrift nur für die Sekundarstufe I. Als einziges Bundesland wird der Nachteilsausgleich in Sachsen auch in beruflichen Schulen gewährt.

Hamburg und Thüringen haben zurzeit keine Regelungen für die weiterführenden Schulen.

In Niedersachsen wird der Nachteilsausgleich in Grundschule, Sekundarstufen I und II gewährt. Vergleichbar mit Hessen, ist auch im Erlass des Landes Niedersachsen und Baden-Württemberg das Rechnen enthalten. Es finden sich keine Hinweise für eine klare diagnostische Abgrenzung, es wird von besonderen Schwierigkeiten im Lesen und Rechtschreiben und Rechnen gesprochen. Leider gilt hier, wie in den meisten Bundesländern, kein Notenschutz im Abitur.

In Rheinland-Pfalz gilt der Notenschutz in der Rechtschreibung bs zum Ende der Orientierungsstufe, Nachteilsausgleich wird gewährt. Vergleichbar den Bundesländern Hessen, Niedersachsen kennt der Erlass den Begriff Legasthenie nicht, sondern benennt als die Gruppe, auf die die Regelungen der Erlasse angewendet werden kann, Kinder mit besonderen Schwierigkeiten im Lesen, Rechtschreiben und zum Teil auch Rechnen.

Berlin gewährt Nachteilsausgleich in der Grundschule. Wie in den meisten Bundesländern entscheidet hierüber die Klassenkonferenz, über Notenschutz sogar die Schulleitung. In den Sekundarstufen I und II wird in Berlin bei gutachterlich festgestellter Lese-Rechtschreib-Störung Nachteilsausgleich in Form von Zeitzuschlag gewährt.

Baden-Württemberg gewährt Notenschutz in Deutsch und Fremdsprachen bis Klasse 6. Voraussetzungen hiefür sind, dass die Leistungen im Lesen und Rechtschreiben für mindestens ein halbes Jahr schlechter als ausreichend sind. Ab der 7. Klasse ist die Gewährung von Nachteilsausgleich und Notenschutz die Ausnahme. Gewährt werden sie nur, wenn Lese-Rechtschreib-Schwäche vorliegt, die nicht auf mangelnde Begabung oder mangelnde Übung zurückgeführt werden kann. Auch in Baden-Württemberg gelten diese Regelungen nicht für die Abschlussklassen, Ausnahmen sind aber im Rahmen der Einzelfallprüfung möglich.

Förderung in Legasthenie-Klassen

Eine spezifische Form der intensiven Förderung ist die Einrichtung von LRS-Klassen. Diese gibt es allerdings nur in einzelnen Bundesländern, z.B. in Baden-Württemberg (Freiburg und Karlsruhe), in Sachsen (Dresden) und Mecklenburg-Vorpommern. In der ehemaligen DDR wurden systematisch LRS-Klassen an Sprachheilschulen eingerichtet, die aber nach der Wiedervereinigung zum größten Teil wieder aufgegeben wurden.

In den LRS-Klassen werden nach systematisch erprobten Methoden Lesen und Rechtschreiben vermittelt. Es gibt mehr Deutschunterricht, also eine intensivere Förderung der Kinder. Hinzu kommt, dass die Größe der Klassen begrenzt ist und z.T. maximal 15 Schüler in die Klassen aufgenommen werden. LRS-Klassen sind im Wesentlichen für das zweite bis vierte Schuljahr eingerichtet, in einzelnen Schulen gibt es LRS-Klassen aber auch an weiterführenden Schulen.

Die LRS-Klassen wurden für besonders schwer betroffene Legastheniker eingerichtet. Ihr Besuch wirkt sich nicht allein positiv auf die Entwicklung der Lese- und Rechtschreibfähigkeit aus, sondern zusätzlich auch auf die Persönlichkeitsentwicklung.

Obwohl die Erfolge der LRS-Klassen unbestreitbar sind und ihre Einrichtung einen wesentlichen Beitrag zur schulischen Förderung von Legasthenikern leistet, sind sie in ihrem Bestand ständig gefährdet.

Hilfe im Internat

Die Internatsunterbringung erfolgt unter verschiedenen Aspekten. Die meisten Jugendlichen, die ein Internat besuchen, das auch spezifische Angebote für Legastheniker anbietet, haben zusätzlich zur Legasthenie weitere Probleme, entweder familiärer Natur oder als psychische Störung.

In Internaten wird häufig ein integratives sozialpädagogisches Konzept angeboten. Bei psychischen Störungen gibt es zwar in den Internaten direkt in der Regel keine Psychotherapie; sie kann aber über Kooperationen mit niedergelassenen Psychotherapeuten abgedeckt werden.

Es gibt bundesweit nur sehr wenige Internate, die spezifische Angebote für Legastheniker anbieten.

Wenn Sie überlegen, ob für Ihr Kind eine Internatsunterbringung sinnvoll ist oder nicht, ist die Überprüfung des schulischen Angebots unerlässlich. Außer dem Nachweis seiner Kenntnisse um das Störungsbild und schulischem Förderunterricht sollte das Internat einen spezifischen therapeutischen Bereich anbieten, der sowohl die psychosoziale Integration des Kindes als auch die Förderung von Lesen und Rechtschreiben umfasst.

Die psychosoziale Stabilisierung des Kindes kann durch verschiedene therapeutische Angebote erfolgen. Dazu zählen z. B. Gruppenangebote im musischen, künstlerisch-kreativen und sportlichen Bereich. Diese Angebote fördern einerseits motorische Geschicklichkeit, visuelle und auditive Wahrnehmung und Kreativität. Andererseits kann das Gruppensetting die psychosoziale Kompetenz Ihres Kindes stärken, sein Selbstwertgefühl verbessern und die Persönlichkeitsentwicklung voranbringen.

Nicht selten wird zusätzlich Reiten angeboten, z. T. als therapeutisches Reiten. Dem Reiten kommt eine besondere Bedeutung zu, da der Kontakt zu einem Tier, zu dem eine Beziehung aufgebaut werden muss, um es zu reiten, eine spezifische Sensibilität erfordert. Die Kinder erlernen beim Reiten, Angst zu überwinden und mit der neu erlangten Macht über ein Tier verantwortungsbewusst umzugehen.

Die Finanzierung einer Internatsunterbringung erfolgt dann über den öffentlichen Jugendhilfeträger, wenn die Voraussetzungen für den § 35a Kinder- und Jugendhilfegesetz (KJHG) erfüllt sind (siehe S. 260 f.). Die Eltern werden, abhängig von der Prüfung der Einkommensverhältnisse, zu den Kosten herangezogen.

Die Internatsunterbringung ist durch polemische Presseberichte in Verruf geraten, stellt jedoch gerade für Kinder, die unter einer schweren Legasthenie leiden und an ihrem Wohnort keine adäquate Hilfe finden, oft die letzte Möglichkeit dar.

Notenschutz

Eine weitere Form von schulischen Hilfen ist der Noten-schutz. Die Regelungen zur Anwendung von Notenschutz finden Sie in den Erlassen der einzelnen Kultusministerien. Notenschutz bedeutet, dass bei einem Kind, bei dem die Klassenkonferenz festgestellt hat, dass eine Lese-Recht-schreib-Störung oder Lese-Rechtschreib-Schwäche vorliegt, die Rechtschreibleistung bei der Bewertung der schriftlichen Arbeiten und die Leseleistung bei mündlichen Aufgaben und den Zeugnissen nicht berücksichtigt werden darf. Alternativ zu den Noten wäre eine mündliche Beurteilung möglich, oder die Leistung wird ohne die Lese- bzw. Rechtschreibleistung bewertet. In einzelnen Bundesländern wie z. B. Hessen wird der Notenschutz nur dann angewendet, wenn die Leistung im Lesen und/oder Rechtschreiben geringer als ausreichend ist.

Bis zu 50 % der Kinder und Jugendlichen mit einer Lese-Rechtschreib-Störung zeigen psychische Auffälligkeiten (siehe S. 89–96). Sie sind als Folge der ausgeprägten emotionalen Belastung der Schüler anzusehen. Ein wesentlicher Grund für diese Belastung sind die Schulnoten, denn die Note im Fach Deutsch ist wichtig für die Versetzung und noch wichtiger für die Schulempfehlung von Klassenstufe 4 zu 5, für den Weg zur weiterführenden Schule.

Wenn die schriftlichen Arbeiten Ihres legasthenen Kindes bewertet werden wie die aller anderen Schüler, obwohl seine Lese-Rechtschreib-Störung als eine Form einer Behinderung angesehen werden kann, bedeutet das für Ihr Kind eine erhebliche Benachteiligung. Schließlich würde, um einen krassen Vergleich zu wählen, bei einer Körperbehinderung, die mit einer erheblichen Einschränkung der Motorik verbunden ist, bei einem betroffenen Schüler die Leistung im Fach Sport auch nur unter Berücksichtigung der Behinderung bewertet.

Aufgrund der Bedeutung des Notenschutzes im Sinne der persönlichen und emotionalen Entwicklung sollte dieser bis zum Ende der Schulzeit gewährt werden. Dies trifft insbesondere für die Oberstufe im Gymnasium zu, da die Legastheniker sonst in den Möglichkeiten des Zugangs zum Hochschulstudium entscheidend benachteiligt werden. In der Schulpraxis wird dieses jedoch oft nicht gewährt (siehe S. 203–206).

Nachteilsausgleich

Der Nachteilsausgleich wird sowohl im Fach Deutsch als auch in den Fremdsprachen angewendet. Ziel des Nachteilsausgleichs ist, die Folgen der Behinderung (also der Legasthenie) durch entsprechende Hilfestellungen auszugleichen. Wichtig ist der Nachteilsausgleich, wenn es um die Versetzung geht. Zum Beispiel darf in der bayerischen und hessischen Regelung die Legasthenie allein kein Grund sein, die Versetzung zu gefährden. Nachteilsausgleich ist insbesondere für Prüfungen von großer Bedeutung. Hier wird in den Bundesländern aufgrund verschiedener schulrechtlicher Rahmenbedingungen leider ganz unterschiedlich verfahren. Trotz dieser Praxis haben Kinder und Jugendliche mit einer Legasthenie aufgrund ihrer Behinderung Anspruch auf Nachteilsausgleich. Hierzu gehört, wie in der Tabelle ausgeführt, ein Zeitzuschlag bei Prüfungen bis zu 50 % der Prüfungszeit.

Ferner wird die Anwendung des Nachteilsausgleichs auf die Schulnoten im Zeugnis vermerkt. Dort finden Sie die Anmerkung, dass aufgrund der Legasthenie die Leistungen im Lesen und Rechtschreiben entweder nicht bewertet oder zurückhaltend bewertet wurden. Nachfolgend eine Übersicht über die verschiedenen Formen des Nachteilsausgleichs.

Der Nachteilsausgleich ist beschränkt auf die Schulzeit. Auch in der weiteren Ausbildung sollte er zur Anwendung kommen. Zum Beispiel bei Prüfungen im Rahmen des Studiums ist dieser Nachteilsausgleich von großer Bedeutung, auch

Verschiedene Formen des Nachteilsausgleichs

· Einsatz von Computern mit Fehlerkorrekturprogramm
· Individuelle Bemessung der Zeitangaben bei der
  Leistungsüberprüfung im Lesen und Rechtschreiben
· Möglichkeit, schriftliche Arbeiten zunächst mündlich
  anzufertigen und sie mit ausreichender Zeit später
  zu verschriftlichen
· Ausnutzung verschiedener Formen der Vermittlung
  von Rechtschreibfähigkeit bei ausgeprägter Lese-
  und Rechtschreibstörung (z.B. Lautgebärden, siehe
  S. 153 f.)
· Verringerte Anzahl von Aufgaben

wenn der rechtliche Rahmen meist nicht dafür vorliegt. Jedoch liegt mittlerweile eine Reihe von Verwaltungsgerichtsurteilen vor, die eine gute Grundlage bilden, um zumindest eine Einzelfallentscheidung für den jungen Erwachsenen herbeizuführen. Nachfolgend finden Sie die Quellen der Urteile, die im Gutachten von Frau Prof. Langenfeld (siehe S. 264 f.) dargestellt werden:

- VGH München, Beschluss vom 7.11.1996, BayVBl. 1997, 431 (Legasthenie und Zulassung zum Gymnasium)
- OVG Schleswig-Holstein, Beschluss vom 19.8.2002, Az. M 41/02, unveröffentlicht (Schreibzeitverlängerung für Legastheniker in der ärztlichen Vorprüfung)

- Hess. VGH, Beschluss vom 3.1.2006, 8 TG 3292/05, NJW 2006, 1608f (Schreibzeitverlängerung für Legastheniker in der Zweiten Juristischen Staatsprüfung)
- VG Kassel, Beschluss vom 23.3.2006, Az. 3 G 419/06, unveröffentlicht (Schreibzeitverlängerung für Legastheniker in der Abiturprüfung)
- Urteil des Bayerischen LSG vom 23.3.2006, Az. L 4 KR 279/04 (Einordnung der Legasthenie als Behinderung gemäß § 11 Abs. 2 S. 1 SGB V).

Prinzipien und Methoden der Förderung: Was ist sinnvoll?

Die Angebote für Förderung bei der Legasthenie sind kaum zu überschauen. Aber die Konzepte werden oft nicht benannt oder sind nicht zu verstehen. Wenn Sie wissen, welche Förderprinzipien wichtig und wirksam sind, können Sie die Informationen besser einordnen.

Das Bild der Legasthenie ist komplex: Viele Ursachen wirken zusammen, und die Störung kann viele Formen annehmen und unterschiedlich ausgeprägt sein. Es überrascht daher nicht, dass auch für die Behandlung der Legasthenie ein multimodaler Ansatz sinnvoll ist. Dieser Ansatz orientiert sich an den auf Seite 123 zusammengestellten Aspekten.

Um ein Kind mit einer Legasthenie zu fördern, sollten alle Beteiligten eng zusammenarbeiten, sich gegenseitig unterstützen und ein Netzwerk bilden.

Dieses Netzwerk, bestehend aus Elternhaus, Schule, schulpsychologischem Dienst, psychologischen Beratungsstellen sowie ggf. dem Jugendamt (vgl. Abbildung auf S. 163), versucht, die unterschiedlichen Sichtweisen und Herangehensweisen zur Hilfe für das betroffene Kind zu integrieren. Ein »Knoten im Netzwerk« bildet sich häufig gerade bei der Kooperation der Eltern mit der Schule. Wenn sie erschwert ist, wird die Vermittlung durch unbeteiligte Dritte, z. B. Kinder- und Jugendpsychiater oder Schulpsychologen, erforderlich.

Die Formen der Förderung können nach verschiedenen Gesichtspunkten differenziert werden. Je genauer die Diagnostik die Probleme Ihres Kindes lokalisiert hat, umso gezielter können Sie die angemessene Förderung auswählen.

Kriterien für die Auswahl der Fördermethode

- Form der Störung (Lese- und Rechtschreibstörung oder isolierte Lese- bzw. Rechtschreibstörung)
- Schweregrad der Störung
- Entwicklungsstand in der Schriftsprachentwicklung (phonologische oder orthographische Entwicklungsstufe)
- Vorliegen von komorbiden Störungen (z. B. Aufmerksamkeitsdefizit-Hyperaktivitäts-Störung)
- Alter des Kindes (z. B. Unterscheidung zwischen vorschulischer und schulischer Förderung)
- Soziales Umfeld (z. B. häusliche Unterstützung und Förderung beim Schriftspracherwerb)
- Schulisches Umfeld (z. B. Angebot von Förderunterricht)

Training basaler Wahrnehmungsfunktionen

Ausgehend von der Annahme, dass der Legasthenie spezifische Defizite in der Wahrnehmung von auditiver und visueller Information zugrunde liegen, versucht man, diese Schwächen zu behandeln und dadurch die Voraussetzungen für das Erlernen der Schriftsprache zu verbessern.

Die Trainingsansätze zur Verbesserung der auditiven Wahrnehmung sind sehr verbreitet. Das hat zwei Gründe: Ein schneller Therapieerfolg wird häufig in Aussicht gestellt, und für viele Anwender scheint ein Training der Wahrnehmung sehr plausibel.

Wie bereits bei den auf Seite 124–132 dargestellten Befunden zur Bedeutung der auditiven Wahrnehmung für die Legasthenie muss hier doch wiederholt werden, dass sich bisher die Trainings von basalen auditiven und visuellen Wahrnehmungsfunktionen nicht als wirksam erwiesen haben. Was sich in der Grundlagenforschung gut nachweisen ließ, ist ein Defizit der Sprachwahrnehmung und -verarbeitung.

Diese Fähigkeiten der Sprachwahrnehmung und -verarbeitung sollten daher trainiert werden. Aber in den Förderungsprogrammen – zumindest in deutschsprachigen Förderprogrammen – sind sie nur selten integrativer Bestandteil der Förderung.

Auditive Wahrnehmung

Trainingsprogramme von basalen Wahrnehmungsfunktionen haben zum Ziel, spezifische Funktionen des Nervensystems, die als gestört vermutet werden, zu trainieren. Unklar ist, welche neurophysiologischen Prozesse dazu führen könnten, trotz Beeinträchtigung gerade diese Hirnfunktionen zu trainieren.

Die Übersicht auf Seite 223 (nach von Suchodoletz 2006) fasst die populären Trainingsmethoden zusammen.

Auch wenn in Einzelfällen von deutlichen Verbesserungen berichtet wird, so kann daraus jedoch nicht von einer auf andere legasthene Kinder übertragbaren Wirkung geschlossen werden.

Immer wieder berichten die Medien über neue, schnell wirksame, effektive Fördermethoden. So gewann auch ein finnisches Computerprogramm besondere Aufmerksamkeit: Angeblich führte das Training der Zuordnung von Tonfolgen zu visuellen Zeichenfolgen innerhalb von nur 14 Trainingseinheiten mit einer Dauer von jeweils zehn Minuten zu einer deutlichen Verbesserung der Leseleistung. Die genaue Durchsicht der wissenschaftlichen Veröffentlichung relativiert jedoch die Medienberichte. Im Vergleich mit einer Kontrollgruppe waren die Therapieeffekte des finnischen Verfahrens sehr gering und praktisch ohne Bedeutung.

Daher sollten Sie diese Therapieansätze bei Ihrem Kind auch so lange nicht anwenden, bis ein Wirksamkeitsnachweis vorliegt. Ein gewisser Schaden entsteht in jedem Fall beim Einsatz von nicht wirksamen Trainingsmethoden dadurch, dass ein wichtiger Zeitabschnitt, den Sie für eine effektive Förderung Ihres Kindes nutzen könnten, ungenutzt bleibt. Und möglicherweise verschlechtert sich das legasthene Kind sogar in seiner Lese- und Rechtschreibleistung.

Trainingsmethoden der auditiven Wahrnehmung

- Training der auditiven Wahrnehmung (Tonhöhenunterscheidung, Ordnungsschwellentraining, Unterscheidung von Rhythmus und Lautstärke)
- Training des Richtungshörens
- Hochtontraining
- Klangtherapie
- Schalltherapie
- Therapie nach Tomatis

Visuelle Wahrnehmung

Auch die Trainingsprogramme zur Verbesserung der visuellen Wahrnehmung haben in den letzten Jahren deutlich an Popularität zugenommen. Die folgende Übersicht (nach von Suchodoletz 2006) fasst die wesentlichen Therapiekonzepte zusammen.

Trainingsmethoden der visuellen Wahrnehmung

· Einsatz von Farbfolien und farbigen Brillengläsern (Irlen-Therapie)
· Rasterbrillen
· Training des beidäugigen Sehens
· Training der Blicksteuerung
· Schielbehandlung bei latentem Auswärtsschielen

In den letzten Jahren hat der Einsatz von Farbfolien deutlich zugenommen. Bislang konnten jedoch keine wissenschaftlich fundierten Belege für die Wirksamkeit dieser Therapie bei der Legasthenie erbracht werden.

Auch das Tragen von Rasterbrillen verbessert nicht die Lese- und Rechtschreibleistung. Im Gegenteil: Das Tragen einer Rasterbrille kann dazu führen, dass ein latentes Schielen, das für die meisten Kinder ohne Bedeutung ist, in ein manifestes Schielen übergeht, das dann zum Auftreten von Doppelbildern führt. Daher wird auch vom Berufsverband der Augenärzte vor dem Tragen solcher Brillen gewarnt.

Die Verordnung von Prismenbrillen kann schwere Folgen haben, so dass eine Operation am Auge notwendig wird, um den durch die Behandlung mit der Prismenbrille vergrößerten Schielwinkel zu korrigieren. Daher warnt auch der Berufsverband der Augenärzte nachdrücklich vor der Behandlung mit Prismenbrillen.

Viele Untersuchungen liegen zur Steuerung der Blickbewegungen bei der Legasthenie vor (siehe S. 132 f.). Daher war es auch naheliegend, die Wirksamkeit von Trainingsprogrammen anzunehmen, die zu einer verbesserten Blicksteuerung bei Legasthenikern führen. Bisher reicht die empirische Beweislage jedoch nicht aus, um diese Therapie zu empfehlen. Auch bei dieser Therapiemethode besteht eine deutliche Diskrepanz zwischen den in der Öffentlichkeit verkündeten Therapieeffekten und Effekten, die sich tatsächlich wissenschaftlich nachweisen lassen. Die meisten therapeutischen Ansätze führen zwar zu einer deutlich verbesserten Blicksteuerung, diese beeinflusst jedoch die Lese- und Rechtschreibleistung nicht positiv.

Symptomspezifische Trainings

In diesem Abschnitt geht es um Förderprogramme, die nicht versuchen, die basale Wahrnehmung des Kindes zu trainieren, sondern bei den Symptomen ansetzen, die das Kind zeigt. Sie enthalten daher z. B. Programme zur Verbesserung der Lautbewusstheit (phonologische Trainingsprogramme) oder auch orthographische Trainingsprogramme (z. B. Rechtschreibregeltraining).

Entwicklungsmodell des Schriftspracherwerbs

Die symptomspezifischen Trainings gehen von der allmählichen Entwicklung Ihres Kindes im Schriftspracherwerb aus. Diese Entwicklung verläuft in Phasen. Sicher erinnern Sie sich nicht allein an die ersten Wörter, die Ihr Kind sprach, sondern auch an frühe Versuche, z. B. den eigenen Namen zu schreiben: Damit trat Ihr Kind in die erste Phase der Schriftsprachentwicklung ein.

Nach dem Modell des Schriftspracherwerbs von Uta Frith (1985) lässt sich der Lernprozess verschiedenen Entwicklungsstufen zuordnen (siehe Abbildung auf S. 228).

Das Modell geht zunächst von einer sogenannten vorschulischen, logographischen Entwicklungsstufe aus. Diese Entwicklungsstufe ist eine präalphabetische und dadurch gekennzeichnet, dass die Kinder noch kein Wissen über die Buchstaben-Laut-Beziehung haben. Beim Lesen drückt sich das so aus, dass die Kinder z. B. ihren Namen an einem für das Kind wichtigen Merkmal erkennen wie z. B.: Sein Vorname beginnt mit einem *S*, daher heißt das Wort auch *Susanne*. Oder sogenannte Logogramme, wie z. B. der Schriftzug einer bestimmten Marke wie *ARAL*, wird erkannt und scheinbar gelesen, ohne dass das Kind die Buchstaben-Laut-Zuordnung verwendet.

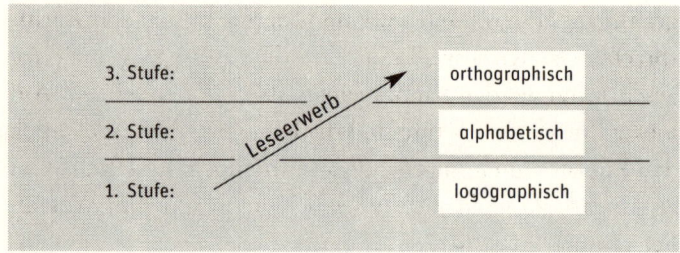

Stufenmodell des Schriftspracherwerbs nach U. Frith
(Quelle: Schulte-Körne 2001)

Das vorschulische Schreiben ist gekennzeichnet durch die Anwendung von Zeichen und Symbolen, z. B. von verschiedenen Strichen, die nacheinander angeordnet werden und für ein Wort stehen. Z. T. kennen die Kinder bereits Buchstaben, die sie auch schreiben. Vorherrschend ist dann eine Schreibung, die im Wesentlichen aus Konsonantenhäufungen besteht, wie z. B. *zmr* für *Zimmer*.
Die darauf folgende alphabetische (phonologische) Entwicklungsstufe beginnt mit der schulischen Unterrichtung. Durch die Vermittlung der Buchstaben-Laut-Zuordnung wird das Prinzip der Schriftsprache eingeführt. Die Verschriftlichung

ist im Wesentlichen lautgetreu, das Lesen ist durch das Erle-
sen von einzelnen Buchstaben und das Verbinden der einzelnen Laute gekennzeichnet. Diese Stufe kennzeichnet überwiegend den Entwicklungsfortschritt in den ersten beiden
Grundschulklassen.

Die orthographische Entwicklungsstufe wird gekennzeichnet durch den Erwerb von Wissen über Regelmäßigkeiten
von Buchstabenfolgen, Morphemen und übergeordneten,
grammatikalischen und semantischen Strukturen der Schriftsprache. Das Kind weiß nun, dass die Endung -ig auch -ich
geschrieben werden kann, niemals aber -ic, ik oder -ick. Auf
dieser Entwicklungsstufe sind die Kinder in der Lage, durch
den Zugriff auf ein sogenanntes Lexikon, ein einzelnes Wort
als Ganzes zu lesen. Die Lesegeschwindigkeit nimmt deutlich zu.

Die Analyse der Verschriftlichung Ihres Kindes erlaubt im
Sinne dieses Schriftspracherwerbsmodells die Zuordnung zu
einer dieser Stufen. Auch wenn nicht immer eine klare Abgrenzung möglich ist, so kann eine Zuordnung zu den Entwicklungsstufen hilfreich für die Förderplanung sein.

Die Fehleranalyse setzt Erfahrungen voraus und sollte im
Rahmen der Diagnostik durchgeführt werden. Die Ergebnisse dieser Analyse fließen dann in die Therapieplanung ein.

Fallbeispiel: Fehleranalyse zur Beurteilung des Entwicklungsstandes im Schriftspracherwerb

*Die Psychologin, die Max eingehend untersucht hat,
lässt sich von Max' Mutter sein Hausaufgabenheft zeigen. Zusammen mit den Schreibungen von Max und*

der genauen Analyse der Fehler im Rechtschreibtest versucht die Psychologin, Max' Niveau im Entwicklungsprozess des Schreibens herauszuarbeiten.

Die Psychologin erklärt Max' Mutter die Befunde. Max schreibe im Wesentlichen noch lautgetreu. Er schreibt zum Beispiel Zil *anstatt* Ziel *oder* Hunt *anstatt* Hund. *In einzelnen Wörtern könne man aber auch beobachten, dass er orthographisches Wissen anwende, z. B. würde er bei* Gahbel *ein sogenanntes Dehnungs-h einfügen, das zwar an dieser Stelle falsch ist, aber als ein Zeichen für den lang gesprochenen Vokal richtig wäre. Anhand der Fehleranalyse plant die Psychologin die Schwerpunkte der Förderung für die nächsten Wochen.*

Entsprechend dem Schriftspracherwerbsmodell sind die Förderprogramme, die im Wesentlichen die Lautunterscheidung und die Buchstaben-Laut-Zuordnung fördern, der alphabetischen Entwicklungsstufe zuzuordnen. Rechtschreibtrainings, die auf der Vermittlung von Regelhaftigkeiten der deutschen Schriftsprache basieren, gehören zur orthographischen Entwicklungsstufe.

Wenn die Rechtschreibleistung des Kindes nach diesem Modell untersucht wird, lässt sich ein passender, »maßgeschneiderter« Förderansatz empfehlen (z. B. Förderung von Lautbewusstheit oder von orthographischem Wissen).

Förderung auf der logographischen Entwicklungsstufe: Förderung im Kindergarten

Die Empfehlung, so früh wie möglich zu fördern, kann auch auf den vorschulischen Bereich ausgedehnt werden. Neuere wissenschaftliche Studien zeigen, dass frühzeitige und systematische Förderung im Kindergartenalter die spätere Schriftsprachentwicklung positiv beeinflussen kann. Allerdings sind die Befunde für Legastheniker nicht so eindeutig. In einzelnen Studien konnte sogar keine Verbesserung bei Legasthenikern gefunden werden.

Ein Programm für Vorschulkinder

Ein recht gut untersuchtes Programm, das in den letzten sechs Monaten vor der Einschulung im Kindergarten durchgeführt werden kann, ist das Würzburger Trainingsprogramm *Hören, lauschen, lernen* von Petra Küspert und Wolfgang Schneider. Dieses Programm liegt als Trainingsmappe mit Übungen vor und ist als tägliches Training von ca. zehn Minuten in Kleingruppen über elf Wochen konzipiert. Es besteht aus sechs Trainingseinheiten (siehe die beiden Abbildungen auf S. 232) und wurde für Erzieher/-innen in Kindergärten entwickelt, die es unter Anleitung durchführen können. Eine kontinuierliche Supervision des Trainings ist empfehlenswert, weil die meisten Erzieher/-innen nicht gewohnt sind, über einen längeren Zeitraum nach einem so strukturierten Konzept zu arbeiten. Außerdem sind nicht wenige Erzieher/-innen skeptisch gegenüber Trainings, die möglicherweise schulischen Wissenserwerb vermitteln.

Das Training führt zu einer deutlichen Verbesserung der phonologischen Bewusstheit, die eine der wesentlichen Voraussetzungen für den erfolgreichen Schriftspracherwerb darstellt. Der Vergleich von Kindern, die dieses Training durchlaufen haben, mit nicht trainierten Kindern zeigt, dass die Trainingskinder in den ersten drei Grundschuljahren einen deutlichen Vorsprung in der Lese- und Rechtschreibfähigkeit aufwiesen. Insbesondere die Kinder, die in der Vorschulzeit geringere phonologische Fähigkeiten aufweisen, profitieren von diesem Programm.

Förderung im Kindergarten Übungseinheiten 1–3

· **Lauschspiele** (1. Trainingswoche: Ausrichten der Aufmerksamkeit auf Geräusche in der Umgebung)

· **Reime** (Reime hören, erkennen und selbst bilden)

· **Sätze und Wörter** (ab 3. Trainingswoche: Wörter erkennen, Wörter verbinden, z. B. aus *Schnee* und *Mann* wird *Schneemann*)

Förderung im Kindergarten Übungseinheiten 4–6

· **Silbe** (ab der 5. Woche: Silben erkennen, Wörter in Silben zergliedern, Silben verbinden, anhand von Bewegungsspielen)

· **Anlaute** (ab der 7. Woche: Anlaute erkennen und unterscheiden)

· **Phonemene (Laute)** (ab der 11. Woche: Laute erkennen und unterscheiden innerhalb eines Wortes, Laute verbinden)

Trainingsinhalte des vorschulischen Präventionsprogramms *Hören, lauschen, lernen* (Quelle: Küspert und Schneider 2001)

Dieses Training wird mittlerweile nicht nur im Kindergarten, sondern auch in der lerntherapeutischen Praxis und in Beratungsstellen angeboten.

Neben diesem phonologischen Training sollte zusätzlich die Buchstaben-Laut-Zuordnung geübt werden. Es hat sich erwiesen, dass die Kombination dieser beiden Trainingsformen für die weitere Lese- und Rechtschreibentwicklung am besten ist. Hierzu gibt es seit 2004 ein Förderprogramm *Hören, lauschen, lernen 2*.

Förderung auf der alphabetischen Entwicklungsstufe: Förderung der Lesefähigkeit

Der Ansatz, phonologische Bewusstheit zu fördern, geht auf die zahlreichen empirischen Befunde zurück, die eindrucksvoll belegen, dass phonologische Bewusstheit einen zentralen Faktor für den Schriftspracherwerb darstellt (siehe S. 141 bis 143). Mittlerweile liegen viele (im Wesentlichen englischsprachige) Therapiestudien vor, die die Wirksamkeit dieses Förderansatzes zeigen. Im Vordergrund stehen die auf Seite 234 zusammengefassten Aspekte.

Neben der Förderung von phonologischer Bewusstheit gehört hierzu auch die Förderung folgender Bereiche, die bei der Legasthenie meistens schwächer ausgebildet sind:

- Buchstaben-Laut- und Laut-Buchstaben-Zuordnung
- Förderung der Wortlesefähigkeit

Förderung der phonologischen Bewusstheit

· Lautunterscheidung
· Analyse (Zerlegen von Wörtern in Laute)
· Synthese (Zusammenfügen von Lauten zu Wörtern)
· Silbengliederung
· Lautgedächtnis

Die Förderung sollte sehr intensiv und so früh wie möglich erfolgen. Eine Förderung im Einzeltraining ist der Gruppenförderung überlegen, weil dabei spezifischer auf das individuelle Lernniveau eines legasthenen Kindes eingegangen werden kann.

Die Wirksamkeit dieser Förderung wurde bisher meist an englischsprachigen Kindern untersucht; die Ergebnisse sind also nicht ohne weiteres auf deutschsprachige Kinder übertragbar. Einzelne Studien mit deutschsprachigen Kindern bewiesen aber, dass auch bei ihnen eine Verbesserung der Lese- und Rechtschreibleistung erreicht wurde. Allerdings trat diese Verbesserung nur dann ein, wenn die Förderung im ersten Schuljahr bis zur Mitte der zweiten Klasse stattfand. Bei älteren Kindern ab dem dritten Schuljahr ließ sich die Wirksamkeit phonologischer Trainings zur Verbesserung der Lese- und Rechtschreibleistung bei Legasthenikern kaum belegen; deshalb ist ihr Einsatz in den höheren Klassen umstritten.

Fallbeispiel: Stufen der Leseförderung

Hans nimmt an einem Leseförderprogramm teil, das bereits in der ersten Klasse begonnen wurde. Bei ihm liegt ein Risiko vor, eine Legasthenie zu entwickeln. Sein drei Jahre älterer Bruder hat auch eine Legasthenie, und der vorschulische Test hat gezeigt, dass Hans zur Risikogruppe gehört. Daher kann er auch an der von der Schule modellhaft gestarteten Leseförderung teilnehmen. Zusätzlich zum Deutschunterricht lernt Hans, die einzelnen Laute in Wörtern zu unterscheiden. Er bekommt Laute vorgesprochen, die er zusammenschleifen soll. Auch das Lesen von einfachen Wörtern wird gefördert, dazu soll er Silbenbögen benutzen. Da er Silben kennt, fällt es Max zunächst leicht, die Wörter in Silben zu durchgliedern.

Im Rahmen der Förderung werden die Aufgaben immer dann verändert, wenn Hans die vorigen Aufgaben bewältigt hat.

Jetzt kommt ein Wortlistentraining neu hinzu. Am Computer werden ihm Wörter gezeigt, die nach gewissen Prinzipien zusammengestellt und speziell für seine Probleme ausgewählt wurden. Eine Reihe von Wörtern erkennt Max nicht. Der Trainer empfiehlt ihm, die Wörter zu durchgliedern und ggf. den Teil eines Wortes herauszusuchen, den er bereits kennt.

In jedem Fall sollte die Leseförderung systematisch aufgebaut sein. Zu Beginn stellt man leichte Leseaufgaben in der Weise, dass das Kind sofort einen Erfolg spürt. Dieses Prinzip der

Null-Fehler-Grenze ist wesentlich für die Motivation und sollte grundlegendes Prinzip zu Beginn der Förderung sein.

Zu Beginn der Förderung geht es darum, die Buchstaben-Laut-Zuordnung zu erlernen. Anschließend werden die Laute verbunden und dann erst Silben und Wörter gelesen.

Bei einer ausgeprägten Legasthenie wird die Lautunterscheidung manchmal durch Lautgebärden oder Handzeichen unterstützt. Es handelt sich dabei um Zeichen für einzelne Laute oder Buchstabenformen, die allerdings nicht einheitlich gebraucht werden. Der Einsatz dieser Lautgebärden zur Leseförderung ist umstritten, da sich bisher in kontrollierten Wirksamkeitsstudien kein Therapieeffekt dieser Fördermethode gezeigt werden konnte.

Förderung auf der orthographischen Entwicklungsstufe: Förderung der Rechtschreibung

Abhängig von den Voraussetzungen und dem Entwicklungsstand des Kindes in der Rechtschreibung, werden verschiedene Formen zur Förderung der Rechtschreibleistung eingesetzt.

Fallbeispiel: Systematische Rechtschreibförderung

Nadine wird seit zwei Jahren in der Rechtschreibung gefördert. Solange sie noch Schwierigkeiten bei der Buchstaben-Laut-Zuordnung aufweist und erhebliche Rechtschreibprobleme hat, bekommt sie zunächst einfache Aufgaben des Schreibens. Unterstützt werden diese Aufgaben durch phonologische Trainings. Durch

Gliederungsaufgaben wird versucht, Nadine die Schrift-
sprachstruktur zu vermitteln. Hierzu gehört die Glie-
derung der zusammengesetzten Nomen z. B. in Vor-
und Endsilben, in Wortstamm bzw. Wortstämme. Un-
terstützt wird diese Durchgliederung durch grafische
Zeichen oder lautes Mitsprechen von Silben.

Die Förderung der Rechtschreibung ist, aufgrund der Kom-
plexität der deutschen Orthographie, häufig recht umfangreich. Mindestens über einen Zeitraum von ein bis zwei Jahren sollte ein- bis zweimal wöchentlich gefördert werden.
Auch hier ist die Einzel- der Gruppenförderung vorzuziehen.

Förderung des Rechtschreibens

· Schreiben von einzelnen Buchstaben mit Hilfe-
stellung zur Ausrichtung und Form
· Abschreiben von Wörtern und Texten, z. T. mit lau-
tem Mitsprechen und Abdecken des abzuschreiben-
den Textes
· Schreiben und Abschreiben mit gleichzeitigem
Mitsprechen Silbe für Silbe
· Schreiben mit Hilfe von Handzeichen bzw. Laut-
gebärden
· Morphemtraining
· Analogieübungen
· Rechtschreibregeltraining

Regeltraining

Der Einsatz eines Regeltrainings ist unter dem Gesichtspunkt sinnvoll, dass Regelfehler einen großen Anteil an den Rechtschreibfehlern von Grundschulkindern haben. Bei Kindern der zweiten Klasse sind 66% der Rechtschreibfehler Regelfehler.

Außerdem haben Legastheniker häufig keinerlei Regelwissen oder können – auch bei ausreichender Regelkenntnis – die Regeln oft nicht anwenden.

Rechtschreibaufgaben, die in Einzelprozessen richtig durchgeführt werden (z.B. Mitlautverdopplung nach kurzem Selbstlaut: *Tasse*) können nicht auf den gesamten Schriftsprachprozess übertragen werden (z.B. wenn zusätzlich die Entscheidung über Groß- und Kleinschreibung getroffen werden muss).

Rechtschreibregeltrainings können sehr gut auch bei legasthenen Schülern eingesetzt werden, die eine weiterführende Schule besuchen.

Leider gibt es – ebenso wie zur Wirksamkeit von Lesefördermethoden – kaum Untersuchungen der Wirksamkeit von Förderungsmaßnahmen gegen die Rechtschreibstörung.

In unabhängigen Studien hat sich allerdings erwiesen, dass Trainings, die regelgeleitet vorgehen, recht wirksam sind. Auch das silbenweise Mitsprechen als Unterstützungsmethode der Durchgliederung übt erwiesenermaßen einen fördernden Einfluss aus.

Förderung mit dem Computer

Die Attraktivität von Computerprogrammen und Lernsoftware ist nach wie vor hoch. Viele Eltern schaffen Computerprogramme für zu Hause an, weil sie durch die Art der Präsentation der Aufgaben ihr Kind motivieren möchten, sich mit dem Lesen und Rechtschreiben auseinanderzusetzen.

Aber auch für die Computerprogramme stellt sich die Frage der Wirksamkeit. Leider gibt es erst wenige Untersuchungen zur Wirksamkeit von Computerprogrammen. Ihre Ergebnisse weisen aber alle in eine Richtung: Es konnte nicht nachgewiesen werden, dass die Lernsoftware dem konventionellen, gedruckten Übungsmaterial überlegen wäre.

Was für den PC spricht

Einen großen Vorteil hat der Computer: Wahrscheinlich arbeitet Ihr Kind lieber mit Tastatur und Bildschirm als mit Stift und Heft. Die Motivation zu schreiben ist bei diesem Medium höher. Manche Kinder arbeiten auch deshalb gern mit dem PC, weil sie nicht mit der Hand schreiben müssen.

Außerdem korrigiert der Computer mit unübertrefflichem Gleichmut die Schreibfehler Ihres Kindes immer wieder – während Sie als Eltern trotz guter Vorsätze irgendwann doch sauer werden. Und die Korrekturen hinterlassen häufig keine »Spuren«. Die fertige Arbeit sieht aus, als hätte sie nie Fehler gehabt.

Dadurch, dass Kinder heute schon früh Erfahrungen im Umgang mit dem Computer sammeln, bereitet ihnen die

Benutzung des Computers häufig keine Probleme. Allerdings verbinden Kinder häufiger Computerspiele mit dem Computer und nicht, vergleichbar der Arbeit mit Papier und Bleistift, das mühsame Lernen. Die Vorteile, die der Computer für die Förderung bietet, werden nachfolgend zusammengefasst.

Möglichkeiten der Computerförderung

- Möglichkeiten der Sprachausgabe, Zuordnung der Buchstaben auf dem Bildschirm zu Lauten
- Erleichterung des selektiven Trainings von Fehlerschwerpunkten durch das Laden von Wortlisten
- Mediale Unterstützung von kritischen Stellen im Wort
- Selektive Präsentation von Wortteilen
- Geschwindigkeitskontrolle bei Aufgaben
- Dokumentation des Lernfortschritts durch Speicherung der individuellen Leistungen über einen längeren Zeitraum

Bedenken gegen den PC

Trotzdem ist es nicht empfehlenswert, bereits bei Schreibanfängern den Computer einzusetzen. Auch wenn der Computer eine Reihe von Möglichkeiten bietet, die beim Einsatz von Übungen auf Papier nicht zur Verfügung stehen, so ersetzt ein Computerprogramm nicht die systematische Anleitung in der Legasthenieförderung. Computerprogramme stellen ein Hilfsmittel dar, sie ersetzen nicht die Förderung. Daher ist es auch nicht sinnvoll, Kinder allein mit einer Lernsoftware arbeiten zu lassen. Auch bei Computerprogrammen benötigen die Kinder Anleitung und Rückmeldung. Der PC ist der Förderung z.B. bei allen Aufgaben unterlegen, die eine mündliche Lösung verlangen, etwa bei der aktiven Unterscheidung der Vokallänge im Wortstamm.

Sie als Eltern sollten sich beim Einsatz von Computerprogrammen zur Legasthenieförderung ebenso beraten lassen wie bei anderen Förderkonzepten, und zwar bei folgenden Problemen, die bei vielen Programmen auftreten:

- spezielle Auswahl von Wortlisten
- Einstellungen z.B. der Präsentationszeit von Wörtern auf dem Bildschirm
- Auswahl von Wortlisten zu unterschiedlichen Fehlerschwerpunkten und Themengebieten

Außerdem ist nicht jeder Teil eines Computerprogramms sinnvoll. Manche Übungen sollten besser ausgelassen werden, da ihr Übungszweck zu gering ist.

Das Angebot an Lernsoftware

Das Angebot an Lernsoftware ist mittlerweile so umfangreich, dass eine Übersicht hierzu kaum noch möglich erscheint.

Es gibt Computerprogramme, die generell die Lese- und Rechtschreibkompetenz fördern sollen, die jedoch nicht speziell für Legastheniker entwickelt worden sind. Oft enthalten die Programme mehrere Einheiten, aber nicht alle sind sinnvoll und empfehlenswert. Lassen Sie die Finger von Übungen, die keinen Bezug zu Buchstaben oder Lauten haben, sondern lediglich die visuelle oder akustische Wahrnehmung fördern; sie sind für Ihr Kind nicht hilfreich.

Vor allem Programme, die mehr auf die Unterhaltung oder auf Förderung von Fähigkeiten, die nicht wesentlich für den Lese- und Rechtschreibfortschritt sind, abzielen, sollten nicht eingesetzt werden. Häufig sind die Lesematerialien schlecht zu erkennen, die Seiten mit vielen Reizen überladen, und die Sinnhaftigkeit einzelner Übungen fehlt meist.

Kriterien für die Auswahl von Lernsoftware für die Legasthenieförderung

· Relevanz der Lernbereiche
· Auswahl des Wortmaterials für die Übungen
· Gewichtung der Themenschwerpunkte

Empfehlenswerte Software (Auswahl)

Software	Anwendungs-bereich	Kosten in €	Inhalt	Bewertung
LolliPop Deutsch 1–4, Cornelsen Verlag; aus-gezeichnet mit dem Deutschen Bildungs-software-Preis	1 und 4	40,39	Umfangreiches Programm, orientiert sich an den Problempunkten der Jahr-gangsstufen 1 und 4	Gut aufge-macht, je-doch mit einer Reihe von Fehlern
Universelles Wort-training, Eugen Traeger Lernsoftware-Verlag	Klassen 1–4	Einzel-lizenz 47,–	Überwiegend Rechtschreibtraining; Sammlung von Wortlisten (über 200) nach Themenschwerpunkten (z. B. Kon-sonantenverdoppelung); Lesen, Ab-schreiben, Einsetzübungen; Möglichkeit der Eingabe von eigenen Wortlisten; Lernkartei; Zeugnisausdruck	Nur Teile der Übungen sind empfehlens-wert
Budenberg, K. Emmig GmbH	Klassen 1–6 (Gesamt-paket aus 51 Einzelpro-grammen)	110,–	Leseübungen (Buchstaben, Silben), Lesespiele, phonologische Fähigkeiten werden geübt. Wortschatztraining, Textschreiben (Abschreibübungen)	Empfehlens-wert
Lesen (Version 1.0), Cesar, CES Verlag	Klassen 1–4	99,50	12 Lernspiele, die in vier Gruppen einge-teilt sind. 1. Gruppe: visuelle Wahrnehmung; 2. Gruppe: Buchstaben erkennen; 3. Gruppe: phonologische Fähigkeiten (Reime und Silben erkennen); 4. Gruppe: Wortlesen bzw. Worterkennen	Gruppe 1 und 2 nicht zu empfehlen
Der Neue Karolus (Version 2.1), Veris Verlag	Grundschule und höhere Klassen	39,90	Begleitsoftware zum Kieler Lese- und Rechtschreibaufbau. Training von pho-nologischen Fähigkeiten (Silben, Laute erkennen und unterscheiden); Lese- und Schreibspiele	Empfehlens-wert, insbe-sondere bei Lese- und Schreibbe-ginn
Wortbaustelle, Eugen Traeger Lernsoftware-Verlag	Klassen 3–7	Einzel-lizenz 47,–	Leseförderung, Wörtervergleiche, Silben erkennen, Morphem-Unterscheidung; insgesamt 11 Programme, abwechs-lungsreiche Programmgestaltung	Nur in Teilen empfehlens-wert
GUT 1 (Grundwort-schatz und Transfer-training), Computer und Lernen Verlag	Klassen 2–8	Einzel-lizenz 40,–	Rechtschreibtraining, Auswahllisten von Wörtern nach Fehlerschwerpunkten, Wiederholungen, Rechtschreibregeln	Empfehlens-wert

243

Wenn auch die Seele Hilfe braucht

Bei der Legasthenie tritt oft eine Reihe von zusätzlichen Störungen auf (siehe S. 89–96). Zu den häufigsten gehören die Aufmerksamkeitsdefizit-Hyperaktivitäts-Störung, Störungen des Sozialverhaltens, Emotionalstörungen und depressive Episoden.

Das Vorliegen solcher Störungen beeinflusst die ganze Konzeption von Förderung und Behandlung bei der Legasthenie. Wenn z. B. bei einem legasthenen Kind zusätzlich eine Aufmerksamkeitsdefizit-Hyperaktivitäts-Störung vorliegt, ist die Behandlung dieser Störung ebenso wichtig wie die Behandlung der Lese- und Rechtschreibstörung. Ein unruhiges, nicht aufmerksames Kind ist nicht in der Lage, sich auf eine Übung zu konzentrieren und den Lerninhalt aufzunehmen. Zusätzlich belastet das hyperaktive Verhalten häufig das gesamte familiäre Zusammenleben, so dass die Behandlung dieser Störung erst einmal Vorrang hat.

Integration von lerntherapeutischen Konzepten in die Förderung

Das Lern- und Arbeitsverhalten der Legastheniker ist oft unstrukturiert und nicht andauernd. So verwenden Legastheniker häufig weniger Zeit auf die aktive Bearbeitung einer Aufgabe und setzen vorhandenes Wissen in geringerem Maße ein. Legastheniker üben eine geringere handlungsbegleitende Kontrolle bei ihren Lerntätigkeiten aus und greifen weniger auf übergeordnete, regelhafte Vorgehensweisen zurück. Durch das kontinuierlich erlebte Versagen entwickeln legasthene Kinder eine geringere Lernmotivation, bewerten ihre Leistungen von vornherein als geringer und erwarten eine schlechtere Leistungsbewertung von anderen. Dies führt letztlich zu einem negativen Selbstbild und möglicherweise zu einer umfassenden Verweigerungshaltung in der Schule.

Zauberwort Motivation

Es ist bei jedem Legastheniker notwendig, motivationale Lernprobleme bei der Förderung, in der Schule und zu Hause zu berücksichtigen. Dieser Aspekt sollte bei der Konzeption jedweder Förderung beachtet werden.

In der Tabelle auf dieser Seite sind allgemeine, wesentliche Aspekte für die Konzeption der Förderung zusammengefasst.

Empfehlungen zu Aufbau und Durchführung der Lernförderung

· Stufenweiser Aufbau der Lernschritte
· Schrittweises Vorgehen: Entdecken, Aneignen, Verbalisieren, Verinnerlichen, Automatisieren
· Aktives Üben
· Lernen durch Nachahmung an positivem Modell
· Unterstützung einer positiven Haltung zur Lernsituation und zu den eigenen Fähigkeiten

- Unmittelbare Rückmeldung über den Erfolg
- Verwendung speziell abgestimmter Verstärkerpläne (z. B. Belohner)
- Unterstützung von Selbstregulation und Anleitung zu planvollem Handeln

Behandlung psychischer Störungen, die oft mit der Legasthenie auftreten

Je nach dem Schweregrad der zusätzlichen Störung, die Ihr Kind aufweist, ist eine Beratung, eine Psychotherapie und/oder eine medikamentöse Behandlung sinnvoll. Wenden Sie sich für die Diagnostik der psychischen Störung stets an einen Facharzt für Kinder- und Jugendpsychiatrie und -psychotherapie oder einen kinder- und jugendlichen Psychotherapeuten, der auch die Konzeption der Behandlung mit allen Beteiligten aufstellen und besprechen wird. Die psychotherapeutische Behandlung erfolgt meist ambulant, in Einzelfällen ist aber eine Behandlung in einer Tagesklinik für Kinder- und Jugendpsychiatrie sinnvoll.

Ambulante Behandlung
Zur Klärung des Behandlungsbedarfs sollten Sie sich an niedergelassene Fachärzte für Kinder- und Jugendpsychiatrie und -psychotherapie oder an Institutsambulanzen von Kliniken für Kinder- und Jugendpsychiatrie und -psychotherapie

wenden. Die später erfolgende Behandlung wird dann überwiegend von niedergelassenen Psychotherapeuten vorge-
nommen.

Es besteht prinzipiell freie Arzt- bzw. Therapeutenwahl. Da
es sehr unterschiedliche Methoden der psychotherapeutischen
Behandlung gibt, sollten Sie sich bei der Auswahl beraten lassen und ggf. mit Ihrem Kind mehrere Therapeuten aufsuchen, ehe Sie sich für einen entscheiden. Die Behandlung besteht aus Einzelgesprächen und ggf. begleitenden Familien-
gesprächen. In Einzelfällen kann es auch notwendig sein,
dass Ihr Kind Medikamente einnimmt, vor allem bei der
Aufmerksamkeitsdefizit-Hyperaktivitäts-Störung.

Teilstationäre oder stationäre Behandlung

Eine teilstationäre Behandlung erfolgt in einer Tagesklinik.
Der Aufenthalt in einer Tagesklinik ist auf die Wochentage
beschränkt. Abends und am Wochenende sind die Kinder
wieder zu Hause. In einer Tagesklinik werden häufig legasthene Kinder mit einer ausgeprägten Aufmerksamkeitsdefizit-Hyperaktivitäts-Störung behandelt. Die Kinder verbringen mehrere Wochen dort und besuchen in dieser Zeit regelmäßig eine Schule (z. B. eine angeschlossene Klinikschule);
gleichzeitig wird mit psychotherapeutischen Methoden versucht, die Familie zu entlasten und gemeinsame Wege zu finden, wie in Zukunft mit den Schwierigkeiten des Kindes und
mit dem Erleben dieser Schwierigkeiten durch die Eltern
umgegangen werden kann.

Eine stationäre Behandlung ist nur bei schweren psychischen
Störungen nötig, z. B. bei einer depressiven Störung mit

Selbstmordgedanken. Dann werden die Kinder in einer Klinik für Kinder- und Jugendpsychiatrie, Psychosomatik und Psychotherapie aufgenommen und von der Familie getrennt. Spezifische Behandlungsprogramme sollen den psychisch erkrankten Kindern und Jugendlichen helfen. Die Eltern werden in die Therapie mit einbezogen.

Was bei Legasthenie nicht hilft

Es wurde schon mehrmals darauf hingewiesen, dass die Trainings basaler auditiver und visueller Wahrnehmungsfunktionen nicht wirksam sind. Leider gibt es außer diesen Trainingsprogrammen noch eine ganze Reihe von Förderangeboten, die zwar populär sind, jedoch nicht helfen. Teilweise gehen die Kinder gerne zu einer Förderstunde, wo sie nicht Lesen und Schreiben üben müssen. Dies ist jedoch auf längere Sicht keine Lösung, da der Leistungsunterschied zu den nicht legasthenen Mitschülern immer größer wird.

Die schwarze Liste

Es gibt eine Vielzahl therapeutischer Methoden, die bisher nicht nach wissenschaftlichen Standards untersucht sind. Bis jetzt liegt für sie kein Wirksamkeitsnachweis vor. Eine Reihe der genannten Methoden beruht auf theoretischen Konzepten, die in sich nicht schlüssig sind und nur einen indirekten Bezug zur Legasthenie herstellen können.

Leider werden mit werberischen Tricks pseudowissenschaftliche Ergebnisse als Beleg für die Wirksamkeit auf Internetseiten präsentiert. Zum Teil werden wissenschaftliche Ergebnisse präsentiert, die den Eindruck entstehen lassen sollen, dass ein Wahrnehmungstraining (z. B. Training der Blickbewegungen) zur Verbesserung des Lesens und Rechtschreibens bei Kindern mit einer Legasthenie führen soll. Bei genauem Hinsehen erfährt man jedoch, dass sich lediglich die Wahrnehmung verbessert, ohne jedoch einen nachweisbaren Therapieeffekt auf das Lesen und Rechtschreiben zu haben. Daher ist generell eine große Skepsis gegenüber allen Therapiemethoden angebracht, die die visuelle, auditive und motorische Wahrnehmung fördern.

Die Tabelle auf dieser Seite listet Förderkonzepte auf, deren Wirksamkeit bisher nicht belegt werden konnte. Insgesamt können alle genannten Methoden zur Therapie der Legasthenie nicht empfohlen werden.

Förderkonzepte ohne nachgewiesene Wirkung

· Trainings zur Verbesserung der Raum-Lage-Labilität
· Training der visomotorischen Koordination
· Training der Blickbewegung
· Training von Tonunterscheidung und Richtungs-
  wahrnehmung
· Training von Ordnungsschwellen
· Training der Koordination der Hemisphären (Edu-
  Kinestetik)
· Psychomotorisches Training
· Kybernetische Methode
· Taktil-kinästhetische Methode
· Davis-Methode
· Neurolinguistisches Programmieren (NLP)

(nach von Suchodoletz 2006)

Beratung für Eltern

Nach der Diagnostik und der Feststellung »Mein Kind hat eine Legasthenie« stellt sich die Frage »Wo finde ich Hilfe und wer kann mein Kind fördern?« Der Angebotsmarkt ist sehr unübersichtlich. Mit gezielten Fragen können Sie sich ein Bild von der Qualität des Angebots machen.

Sie können sich an verschiedene Stellen wenden, um erste Informationen einzuholen und sich weiterhelfen zu lassen.

Erstens: In psychologischen Beratungsstellen und Erziehungsberatungsstellen erhalten Sie bei Legasthenie und den damit auftretenden psychischen Problemen Beratung. Allerdings wird in diesen Einrichtungen nicht immer die Diagnostik der Legasthenie durchgeführt.

Zweitens: Der zuständige schulpsychologische Dienst bietet Beratung an. Hier sind die Zuständigkeitsbereiche der einzelnen Dienste so groß, dass die Kapazität für eine individuelle Beratung oft nicht ausreicht.

Drittens: Auch der Sozialdienst des öffentlichen Jugendhilfeträgers (meist Jugendamt) hilft weiter.

Viertens: Einen sehr großen Anteil der Beratungsarbeit übernehmen Eltern selbst, oft in Form einer Eltern-Selbsthilfegruppe (Bundesverband Legasthenie und Dyskalkulie e. V.).

Fünftens: Beratung wird bei den Einrichtungen angeboten, die die Diagnostik der Legasthenie durchführen. Hierzu zählen die Ärzte für Kinder- und Jugendpsychiatrie und -psychotherapie in Praxen, Institutsambulanzen, Tageskliniken und Kliniken für Kinder- und Jugendpsychiatrie, Psychosomatik und Psychotherapie, sowie psychologische Praxen und Praxen für Kinder- und Jugendlichen-Psychotherapie (selten Diagnostik), die ihr diagnostisches Angebot mit einer Therapieempfehlung verbinden.

Der »Markt« der freien, privaten Anbieter ist sehr unterschiedlich. Verschiedene Berufsgruppen, wie z. B. Ergotherapeuten, Lehrer, Sozialarbeiter, Sozialpädagogen oder Logopäden, bieten hier ihre Dienste an.

Qualitätsmerkmale für Anbieter von Förderung und Therapie

Oft wissen Eltern nicht, welche Art von Förderung für ihr Kind geeignet ist und wer eine entsprechende Förderung durchführt. Vor allem die Frage, ob der Anbieter überhaupt für die Förderung qualifiziert ist, ist oft schwer zu beantworten. Bis heute gibt es keine staatlich anerkannte Ausbildung, die spezifisch für die Förderung bei der Legasthenie qualifiziert. So sind Titel wie z.B. *Legasthenietherapeut* oder Ähnliches vollkommen ungeschützt, d.h. jeder, der will, kann sich einen solchen Titel geben und seine Dienste anbieten.

Seit 2005 zertifiziert allerdings der Bundesverband Legasthenie und Dyskalkulie e.V. nach eingängiger Prüfung Ausbildungsinstitute, die den Teilnehmern der Fort- und Weiterbildung das Zertifikat »Dyslexietherapeut nach BVL« vergeben dürfen. Dieses Zertifikat ist ein sehr gutes Qualitätsmerkmal für einen Therapeuten, der sich an einer zertifizierten Ausbildungsstätte hat ausbilden lassen und dort auch den Abschluss mit dem Zertifikat erreicht hat. Zunehmend lassen sich Einrichtungen zertifizieren, so dass in ein paar Jahren ein flächendeckendes Angebot an zertifizierten Therapeuten vorhanden sein sollte.

Zusätzlich können Sie sich an den auf Seite 256 genannten Aspekten orientieren, die Sie bei der Überprüfung der Förder- und Therapieangebote unterstützen sollen.

So prüfen Sie das Therapieangebot	
Welche Berufsausbildung?	Empfohlen: Pädagogische Ausbildung (Lehrer, Heilpädagoge, Heil- und Sonderpädagoge, Sozialarbeiter), Psychologische Ausbildung, Logopädische Ausbildung.
Psychotherapeutische Erfahrungen: Weiterbildung vorhanden?	Psychotherapeutische Weiterbildung, Fort- und Weiterbildung im Bereich der Kinder- und Jugendlichen-Psychotherapie gerade für Kinder mit psychischen Problemen
Qualifikation im Bereich des Schriftspracherwerbs?	War Legasthenie (bzw. der Schriftspracherwerb) ein Schwerpunktthema des Studiums? Liegen Zusatzqualifikationen vor? Wurden Fort- und Weiterbildungen zum Thema besucht?
Konzeption des Förderangebotes	Nach welchem Konzept wird die Förderung durchgeführt? Orientiert sich die Förderung am Schriftspracherwerbsmodell? Lese- und Rechtschreibförderung oder Wahrnehmungstrainings?

Da es viele Angebote auf dem freien Markt gibt, die nicht zu empfehlen sind, sind Eltern gut beraten, sich vor Beginn der Förderung bzw. der Therapie eingehend über das Angebot zu informieren.

Entscheidende Kriterien für den Erfolg der Förderung sind die Methoden der Therapie und die Ausbildung des Therapeuten. Die Kombination aus einem für diese Aufgabe gut qualifizierten Therapeuten zusammen mit der Anwendung einer als wirksam gezeigten Therapie sind die beste Voraussetzung für den Erfolg der Förderung.

Wonach Sie fragen sollten: fünf Regeln für Eltern

Erstens: Skeptisch sollten Sie immer dann sein, wenn die Diagnostik und Therapie in einer Hand liegen, d.h., wenn derjenige, der die Diagnose stellt, auch selbst die Therapie durchführt. Dieses Zusammentreffen bedeutet nicht von vornherein, dass hier Missbrauch betrieben wird, eine gewisse Skepsis ist aber angebracht.

Zweitens: Weiterhin sollten Sie für Ihr Kind eine Therapie ablehnen, bei der (auch) Methoden angewandt werden, die sich bisher als unwirksam gezeigt haben oder deren Wirksamkeit bisher noch nicht erwiesen ist. Dazu gehören alle basalen Wahrnehmungstrainings (einschließlich der Trainings der Blickbewegung und Blicksteuerung, des Trainings der Unterscheidung von Tonfolgen, Richtungshören, Ordnungsschwellentraining).

Drittens: Skepsis ist auch dann berechtigt, wenn innerhalb kurzer Zeit ein deutlicher Therapieeffekt, sogar »Heilung« versprochen wird.

Viertens: Sie als Eltern sollten ablehnen, Ihr Kind in einer Gruppe mit mehr als fünf Kindern fördern zu lassen. Diese Art von Förderung ist nicht mehr effektiv.

Fünftens: Falls Ihr legasthenes Kind zusätzlich eine psychische Störung entwickelt hat, sollten Sie bei der Auswahl des Therapeuten darauf achten, dass auch psychotherapeutische Fachkompetenz vorhanden ist.

Wer hilft Ihnen, die Förderung Ihres Kindes zu bezahlen?

Viele Eltern wenden sich zunächst an ihre Krankenkasse. Doch obwohl die Lese-Rechtschreib-Störung im internationalen Klassifikationsschema für psychische Erkrankungen (ICD-10) verankert wurde, ist die Behandlung der Legasthenie nicht als kassenärztliche Leistung anerkannt. Die Krankenversicherungen lehnen die Kostenübernahme oft mit der Begründung ab, dass nach dem Sozialgesetzbuch die Lese-Rechtschreib-Störung nicht zu den Krankheiten zählt. Allerdings gibt es immer wieder einzelne Krankenkassen, die einer Kostenübernahme zustimmen, wenn nachgewiesen werden kann, dass die Störung auf eine Gehirnfunktionsstörung zurückzuführen ist. Dies ist aber die Ausnahme.

Die öffentliche Jugendhilfe

Daher wenden sich viele – in den letzten Jahren immer mehr – Eltern an die öffentliche Jugendhilfe (Jugendamt) und stellen dort einen Antrag auf Kostenübernahme. Allerdings stellt die gestiegene Anzahl von Anträgen auf Eingliederungshilfe eine Herausforderung für die öffentliche Jugendhilfe dar. Die Jugendhilfe ist gemäß dem Kinder- und Jugendhilfegesetz (KJHG) durch eine Vielfalt von Trägern unterschiedlicher Wertorientierung und eine Vielfalt von Inhalten, Methoden und Arbeitsformen gekennzeichnet. Die

Leistungen der Jugendhilfe werden von Trägern der freien Jugendhilfe (z. B. Erziehungsberatungsstellen) und von Trägern der öffentlichen Jugendhilfe (Jugendamt) erbracht.

Die nachfolgend beschriebenen Leistungsverpflichtungen richten sich an den Träger der öffentlichen Jugendhilfe. Es gibt verschiedene Aufgaben der Jugendhilfe. Für den Bereich der Legasthenie sind die Hilfen zur Erziehung (§27 SGB VIII) und die Eingliederungshilfe (§35a SGB, VIII, IX) relevant. Ob seitens der Jugendhilfe nun Eingliederungshilfe oder Hilfe zur Erziehung gewährt wird, ist in der Praxis umstritten. Häufig wird nach §35a Eingliederungshilfe gewährt. Beide Formen der Hilfe werden nachfolgend beschrieben.

§35a SGB VIII Eingliederungshilfe für seelisch behinderte Kinder und Jugendliche

Grundlage für Ansprüche des Kindes mit einer Legasthenie gegenüber dem örtlichen Jugendhilfeträger sind im §35a hinterlegt.

(1) Kinder oder Jugendliche haben Anspruch auf Eingliederungshilfe, wenn

ihre seelische Gesundheit mit hoher Wahrscheinlichkeit länger als sechs Monate von dem für ihr Lebensalter typischen Zustand abweicht und

daher ihre Teilhabe am Leben in der Gesellschaft beeinträchtigt ist oder eine solche Beeinträchtigung zu erwarten ist.

Die Hilfe wird nach dem Bedarf im Einzelfall
· in ambulanter Form,
· in Tageseinrichtungen für Kinder oder in anderen
  teilstationären Einrichtungen,
· durch geeignete Pflegepersonen und
· in Einrichtungen über Tag und Nacht sowie sonstigen Wohnformen geleistet.
(2) Aufgabe und Ziel der Hilfe, die Bestimmung des
Personenkreises sowie die Art der Leistungen richten
sich nach §39 Abs. 3 und 4 Satz 1, den §§40 und 41
des Bundessozialhilfegesetzes, soweit diese Bestim-
mungen auch auf seelisch behinderte oder von einer
solchen Behinderung bedrohte Personen Anwendung
finden.
(3) Ist gleichzeitig Hilfe zur Erziehung zu leisten, so
sollen Einrichtungen, Dienste und Personen in Anspruch genommen werden, die geeignet sind, sowohl
die Aufgaben der Eingliederungshilfe zu erfüllen als
auch den erzieherischen Bedarf zu decken. Sind heilpädagogische Maßnahmen für Kinder, die noch nicht
im schulpflichtigen Alter sind, in Tageseinrichtungen
für Kinder zu gewähren und lässt der Hilfebedarf es
zu, so sollen Einrichtungen in Anspruch genommen
werden, in denen behinderte und nichtbehinderte Kinder gemeinsam betreut werden.

Wesentlich für die Beurteilung ist der Schweregrad der Beeinträchtigung. Die Formulierung bezeichnet eine seelische Störung, die nach ihrer Breite, Tiefe und Dauer die Fähigkeit zur Eingliederung in die Gesellschaft beeinträchtigt oder eine Beeinträchtigung erwarten lässt.

Für Aufgaben und Ziele der Hilfe, die Bestimmung des Personenkreises sowie die Art der Maßnahmen gelten § 39 Abs. 3 und § 40 des Bundessozialhilfegesetzes (BSHG) sowie die Verordnungen nach § 47 des BSHG, soweit die einzelnen Vorschriften auf seelisch Behinderte Anwendung finden.

§ 39 BSHG Personenkreis und Aufgabe

(1) Personen, die nicht nur vorübergehend körperlich, geistig oder seelisch wesentlich behindert sind, ist Eingliederungshilfe zu gewähren. Personen mit einer anderen körperlichen, geistigen oder seelischen Behinderung kann sie gewährt werden.

(2) Den Behinderten stehen die von einer Behinderung Bedrohten gleich. Dies gilt bei Personen, bei denen Maßnahmen der in den §§ 36 und 37 genannten Art erforderlich sind, nur, wenn bei Nichtdurchführung dieser Maßnahmen eine Behinderung einzutreten droht.

(3) Aufgabe der Eingliederungshilfe ist es, eine drohende Behinderung zu verhüten oder eine vorhandene Behinderung oder deren Folgen zu beseitigen oder zu mildern und den Behinderten in die Gesellschaft ein-

zugliedern. Hierzu gehört vor allem, dem Behinderten die Teilnahme am Leben in der Gemeinschaft zu ermöglichen oder zu erleichtern, ihm die Ausübung eines angemessenen Berufs oder einer sonstigen angemessenen Tätigkeit zu ermöglichen oder ihn so weit wie möglich unabhängig von Pflege zu machen.

(4) Eingliederungshilfe wird gewährt, wenn und solange nach der Besonderheit des Einzelfalls, vor allem nach Art und Schwere der Behinderung, Aussicht besteht, dass die Aufgabe der Eingliederungshilfe erfüllt werden kann.

Legasthenie, eine seelische Behinderung?

Unter der Voraussetzung der Erweiterung des Katalogs der Verordnung § 3 des § 47 BSHG auf die im ICD-10 genannten Störungen gehören die umschriebenen Entwicklungsstörungen (Legasthenie und Dyskalkulie) zu den psychischen Erkrankungen, die zu einer seelischen Behinderung führen können. Das heißt aber auch, dass die Legasthenie an sich noch keine seelische Behinderung darstellen muss, jedoch zu einer seelischen Behinderung führen kann. In der Praxis bedeutet dies ferner, dass allein das Vorliegen der Legasthenie nicht dazu führt, dass § 35a oder § 27 (siehe S. 260 f. und S. 266) angewandt wird.

Jedoch sind mit § 3 der Verordnung nur die schon seelisch Behinderten beschrieben. Da jedoch das KJHG Eingliederungshilfe für die Gruppe der von einer seelischen Behinderung Bedrohten und für seelisch nicht wesentlich Behinderte gewährt, müssen auch diese Gruppen definiert werden.

Wer ist behindert, wer von Behinderung bedroht?

Die Legasthenie wird zu einer drohenden Behinderung in dem Moment, in dem aufgrund dieser Störung die gesellschaftliche Integration gefährdet ist. Faktoren, die die gesellschaftliche Integration negativ beeinflussen können, sind Risikofaktoren. Risikofaktoren für die Legasthenie wurden aus der Forschungsliteratur gewonnen. Die Bedeutung der einzelnen Risikofaktoren kann für jedes Kind unterschiedlich sein, teilweise können auch mehrere Risikofaktoren additiv wirken. Hierzu zählen

- der Schweregrad der Störung
- der Verlauf der Störung (chronisch)
- die eveteull vorliegenden zusätzlichen Erkrankungen und
- das soziale und familiäre Umfeld.

In der Praxis kann es also bedeuteten, dass die aufgetretenen schulbezogenen Ängste, die Schulverweigerung oder aggressive Verhaltensweise als Folge der Legasthenie aufgefasst werden und die Eingliederung in die Gesellschaft gefährden.

Legasthenie – eine Behinderung im Sinne von Art. 3 Abs. 3 Satz 2 GG?

Es gibt aktuell, unterstützt durch eine rechtsgutachterliche Stellungnahme von Frau Prof. Langenfeld (Institut für öffentliches Recht, Georg-August-Universität, Göttingen) eine umfassende Diskussion, ob Legasthenie eine Behinderung im Sinne von Artikel 3, Absatz 3, Satz 2 des Grundgesetzes ist. Dort steht: »Niemand darf wegen seiner Behinderung benachteiligt werden.«

In §2 Abs. 1 des SGB (Sozialgesetzbuch) IX heißt es: »Menschen sind behindert, wenn ihre körperliche Funktion, geistige Fähigkeit oder seelische Gesundheit mit hoher Wahrscheinlichkeit länger als sechs Monate von dem für das Lebensalter typischen Zustand abweichen und daher ihre Teilhabe am Leben in der Gesellschaft beeinträchtigt ist.« Da diese Aussage für die überwiegende Zahl der Legastheniker zutrifft, kommt Langenfeld zu der Einschätzung, dass Legasthenie eine Behinderung im Sinne des Art. 3 Abs. 3 Satz 2 GG ist.

Die Prüfung der Verordnung und der Erlasse auf dem Hintergrund des Art. 3 Abs. 3 Satz 2 GG fällt für die Bundesländer vernichtend aus. Danach sind die schulrechtlichen Regelungen in allen Bundesländern, mit Ausnahme des Bundeslandes Bayern, verfassungswidrig. Gründe hierfür sind, dass weder Nachteilsausgleich noch Notenschutz über die gesamte Ausbildungszeit gewährt wird. Eine spezifische Förderung wird nur in Ausnahmefällen gewährt, obwohl aufgrund der Verpflichtung der Schulen, allen Kindern Lesen und Schreiben beizubringen, schulische Konzepte der Förderung für die gesamte Zeit der Unterrichtung angeboten werden müssten. Auch die Regelung, spezifische Hilfen von vorher durchgeführter Förderung abhängig zu machen (wie z.B. in Hessen), ist mit dem Grundgesetz nicht vereinbar. Das komplette Gutachten finden Sie unter: www.bvl-legasthenie.de/file/delivery?id=244

§27 SGB VIII Hilfen zur Erziehung

Der §27a des SGB VIII hat im Vergleich zu §35a den Vorzug, dass Hilfen nicht erst dann eingesetzt werden, wenn als Folge der Legasthenie eine seelische Behinderung droht bzw. eingetreten ist. Der folgende Gesetzestext verdeutlicht diesen Sachverhalt.

(1) Ein Personenberechtigter hat bei der Erziehung eines Kindes oder eines Jugendlichen Anspruch auf Hilfe (Hilfe zur Erziehung), wenn eine dem Wohl des Kindes oder des Jugendlichen entsprechende Erziehung nicht gewährleistet ist und die Hilfe für seine Entwicklung geeignet und notwendig ist.

(2) Hilfe zur Erziehung wird insbesondere nach Maßgabe der §§28 bis 35 gewährt. Art und Umfang der Hilfe richten sich nach dem erzieherischen Bedarf im Einzelfall; dabei soll das engere soziale Umfeld des Kindes oder des Jugendlichen einbezogen werden.

(3) Hilfe zur Erziehung umfasst insbesondere die Gewährung pädagogischer und damit verbundener therapeutischer Leistungen.

Der §27 SGB VIII wird zunehmend häufiger zur Finanzierung der Legasthenietherapie herangezogen. Teilweise besteht eine gewisse Skepsis seitens der Eltern, da angenommen wird, ein defizitärer Erziehungsstil sei die Voraussetzung für die Anwendung des §27 SGB VIII.

Dem wird aber in Verwaltungsgerichtsurteilen widersprochen: Nicht die familiäre Erziehung muss gestört sein, sondern es liegt eine darüber hinausgehende Beeinträchtigung des Kindeswohls vor. Dazu können verschiedene Faktoren beitragen, z.B. soziale Benachteiligung oder eine Sozialisationsbedingung, die dazu führt, dass ohne Unterstützung diese Defizitsituation nicht verändert werden kann. Dies bedeutet, dass Eltern nicht in der Lage sind, im Rahmen ihrer Erziehungsaufgaben diese das Kindeswohl gefährdende Situation mit eigenen Kräften so zu verändern, dass das Kindeswohl nicht mehr gefährdet ist.

Der Antrag auf Kostenübernahme

Da die Entscheidung über die Eingliederungshilfe für seelisch behinderte junge Menschen ausschließlich in der Verantwortung des zuständigen Jugendamts liegt, empfiehlt es sich dringend, rechtzeitig bei dem zuständigen Jugendamt Hilfsbedarf anzumelden bzw. einen förmlichen Antrag zu stellen. So vermeiden Sie, dass von dort die Übernahme der Kosten abgelehnt wird, weil nicht zuvor im Hilfeplangespräch alle Möglichkeiten der Hilfen überprüft wurden. Diese trifft insbesondere dann zu, wenn stationäre Hilfen z. B. in einem Internat geplant werden.

Je nach Fall wird das zuständige Jugendamt Informationen, Berichte oder gutachtliche Stellungnahmen von Fachärzten für Kinder- und Jugendpsychiatrie und -psychotherapie, von Diplom-Psychologen, von schulpsychologischer Seite und von der Schule einholen, um zu einer abschließenden Beurteilung zu gelangen, ob die Leistungstat-Bestandsvoraussetzungen gegeben und welche Hilfeformen nötig und geeignet sind.

Die Kosten für ein Gutachten trägt grundsätzlich derjenige, der den Auftrag für seine Erstellung gegeben hat. In Einzelfällen werden auch die Landesärzte für seelisch Behinderte gebeten, im Rahmen ihrer Bestellung (nach § 126a BSHG) gutachtlich Stellung zu nehmen. Wenn Hilfe voraussichtlich für längere Zeit zu leisten ist, muss in Zusammenarbeit mit den Leistungsadressaten (dem Jugendamt) ein Hilfeplan aufgestellt und fortlaufend überprüft werden. Dabei und bei der Durchführung der Hilfen soll nach § 36 Abs. 3 SGB VIII ein

Arzt beteiligt werden, der über besondere Erfahrungen in der Hilfe für Behinderte verfügt. Erscheinen Maßnahmen der beruflichen Eingliederung erforderlich, so sollen auch die Stellen der Bundesanstalt für Arbeit beteiligt werden.

Die Gutachten sollten nach den Standards durchgeführt werden, die im Kapitel zur Diagnostik auf Seite 39 ff. dargestellt werden. Häufig scheitern die Antragsverfahren an der mangelnden Qualität der Gutachten. Die Entscheidung des zuständigen Jugendhilfeträgers ist maßgeblich durch das Zusammenführen der verschiedenen Informationsquellen (Schule, schulpsychologischer Dienst, Bericht der Eltern und des Kindes, Fachgutachten) beeinflusst.

In den meisten Fällen ist eine ambulante Maßnahme ausreichend. Hierbei sollte berücksichtigt werden, dass entsprechend dem individuellen Bedarf des Kindes eine ausschließlich auf die Verbesserung der Lese- und Rechtschreibleistung ausgerichtete Förderung nicht ausreichend ist. Die Förderung muss ebenfalls die psychischen Probleme des Kindes in adäquater Weise berücksichtigen.

Eltern-Selbsthilfe

Die Bedeutung der Eltern-Selbsthilfe ist in vielen Ländern groß, vor allem in Deutschland. Hier teilen Eltern die Erfahrungen, die sie mit der Schule, der Förderung, dem Wissen über die Ursachen und den Verlauf gemacht haben, mit anderen Eltern. Dieser oft sehr unbürokratische Kontakt, der oft zunächst am Telefon stattfindet, führt viele Eltern zur ersten Anlaufstelle, an der sie sich »richtig« verstanden fühlen. Bei regelmäßig angebotenen Elternabenden bekommen sie die Möglichkeit, sich auszutauschen und zu unterstützen. Gerade die gegenseitige Hilfe kann für die weitere Entwicklung des einzelnen legasthenen Kindes von großer Bedeutung sein.

Der Bundesverband Legasthenie und Dyskalkulie (BLV) e.V.

Der Bundesverband Legasthenie und Dyskalkulie (BLV) e.V. ist ein Zusammenschluss der Selbsthilfegruppen der einzelnen Bundesländer. Bereits auf Länderebene sind die lokalen Selbsthilfegruppen organisiert und bilden den jeweiligen Landesverband.

Ziel des Verbandes ist es, die Eltern in vielfältiger Weise zu unterstützen. Zu seinen Aufgaben gehört die Beratung in allen relevanten Bereichen wie z. B. bei Schulfragen, bei Fragen im Elternhaus, zur Förderung und bei sozialrechtlichen Fragen.

Nachfolgend sind wesentliche Aufgaben zusammengefasst:

- Beratung von Eltern und Betroffenen
- enger Dialog mit der Wissenschaft
- Zusammenstellung von Fachinformation
- Veranstaltung von Fachkongressen
- Durchführung von Fortbildungsveranstaltungen
- enger Austausch mit Ministerien, Schulen und anderen Bildungseinrichtungen
- Schaffung von Erlassen/Verwaltungsvorschriften und deren Umsetzung
- fachlicher Austausch mit Schulpsychologen, Beratungs- und Förderlehrern
- intensive Öffentlichkeitsarbeit
- regelmäßige Mitgliederinformation durch die BVL-Zeitschrift

Da es sich um eine ehrenamtliche Tätigkeit von Eltern handelt, gibt es nicht in allen Städten und Kreisen örtliche Selbsthilfegruppen. Wenn Sie in Erfahrung bringen möchten, wo in Deutschland entsprechende Gruppen gebildet wurden und welche für Sie am nächsten liegt, können Sie über das Internet oder direkt über die Landesverbände die entsprechenden Kontaktadressen erfragen (siehe S. 275).

Anhang

Hilfreiche Links

Internetadressen der Landesverbände des Bundesverbandes Legasthenie und Dyskalkulie (BVL) e.V. www.bvl-legasthenie.de

Baden-Württemberg
www.legasthenie-lvl-bw.de

Bayern
www.legasthenie-bayern.de

Berlin
www.lvl-berlin.de

Brandenburg
www.lv-legasthenie-branden-burg.de

Bremen
lrs.bz@gmx.de

Hamburg
www.lvl-hamburg.de

Hessen
www.lvl-hessen.de

Mecklenburg-Vorpommern
www.lv-legasthenie-mv.de

Niedersachsen
www.legasthenie-verband.de

Nordrhein-Westfalen
www.lvl-nrw.org

Rheinland-Pfalz
www.legasthenie-rlp.de

Saarland
www.lvls.de

Sachsen
www.legasthenie-sachsen.de

Sachsen-Anhalt
fub-arndt@freenet.de

Schleswig-Holstein
www.lvl-sh.de

Thüringen
www.lvl-thueringen.de

Allgemeine Informationen

www.bildungsserver.de
Der Deutsche Bildungsserver ist ein vom Bund und den Ländern getragenes Informationsportal zum deutschen Bildungswesen und bietet umfassende Informationen zum Thema Bildung im Internet.

www.schulweb.de
schulweb.de ist ein Teilprojekt aus dem deutschen Bildungsserver, das sich mit seinem Angebot direkt an Schüler und Lehrer wendet.

www.kmk.org
Die Kultusministerkonferenz im Internet. Bietet eher knochentrockene Infos, aber z. B. auch einen Ferienkalender und Links zu den einzelnen Kultusministerien der Länder.

www.augeninfo.de
Informationsseite des Berufsverbandes der Augenärzte mit Informationen zur Diagnostik und Therapie bei Legasthenie aus augenärztlicher Sicht.

www.dgkjp.de
Internetseite der Deutschen Gesellschaft für Kinder- und Jugendpsychiatrie, Psychosomatik und Psychotherapie e.V. (DGKJP)

www.dgpp.de
Informationsseite der Deutschen Gesellschaft für Phoniatrie und Pädaudiologie e.V. (gegr. 1983). Informationen für Eltern hör-, sprach- und stimmkranker Kinder.

www.kjp.med.uni-muenchen.de
Informationsseite der Klinik für Kinder- und Jugendpsychiatrie, Psychosomatik und Psychotherapie der Ludwig-Maximilians-Universität München. Aktuelle und umfangreiche Informationen zu Diagnostik, Ursachen und Therapie der Legasthenie einschließlich aktueller Forschungsergebnisse.

Informationen zu Lernsoftware

www.sodis.de
SODIS (Software Dokumentations- und Informationssystem) ist ein gemeinsames Angebot der deutschen Länder und Österreichs und unterhält eine große Datenbank interaktiver Lernprogramme einschließlich Bewertungen.

www.i-cd-rom.de
Das Staatsinstitut für Schulqualität und Bildungsforschung in München betreibt eine Datenbank mit über 800 Einträgen für interaktive multimediale Bildungsprogramme.

Adressen von Selbsthilfeverbänden

Deutschland

Bundesverband Legasthenie und
Dyskalkulie e.V.
Postfach 11 07
30011 Hannover
Tel. / Fax: 0700 / 285 285 285
www.bvl-legasthenie.de

Schweiz

Verband Dyslexie Schweiz
Alpenblick 17
8311 Brütten
Tel.: 052 / 345 04 61
Fax: 052 / 345 04 62
www.verband-dyslexie.ch

Österreich

Österreichischer Bundesverband
Legasthenie
c/o Mag. Magda Klein-Strasser
Rosentalgasse 11/23
1140 Wien
Tel.: 01 / 911 32 770
www.legasthenieverband.at

Großbritannien

The British Dyslexia Association
(BDA)
Sekretariat:
Unit 8, Bracknell Beeches
Old Bracknell Lane
Bracknell RG12 7BW
Tel.: (+44) 845 / 251 90 02
Fax: (+44) 845 / 251 90 05
www.bdadyslexia.org.uk

Europa

European Dyslexia Association
(EDA)
www.dyslexia.eu.com

USA

The International Dyslexia Association
40 York Rd., 4th Floor
Baltimore, MD 21204
Tel.: (+1) 410 / 296 02 32
Fax: (+1) 410 / 321 50 69
www.interdys.org

Testverfahren

Übersichten

Brähler, E., Holling, H., Leutner, D., Petermann, F. (2002) (Hrsg.): Brickenkamp Handbuch psychologischer und pädagogischer Tests. Band 1 und 2. Hogrefe, Göttingen

Schneider, W., Marx, H., Hasselhorn, M. (2008): Diagnostik von Rechtschreibleistungen und -kompetenz. Jahrbuch der pädagogisch-psychologischen Diagnostik. Tests und Trends. Hogrefe, Göttingen

Verfahren zur phonologischen Bewusstheit

BAKO 1–4. Basiskompetenzen für Lese-Rechtschreib-Leistungen. Ein Test zur Erfassung der phonologischen Bewusstheit vom ersten bis vierten Grundschuljahr. Von C. Stock, P. Marx und W. Schneider; Beltz, Göttingen 2003

Rechtschreibtests

DERET 1–2+. Deutscher Rechtschreibtest für das erste und zweite Schuljahr. Von C. Stock und W. Schneider; Hogrefe, Göttingen 2008

DERET 3–4+. Deutscher Rechtschreibtest für das dritte und vierte Schuljahr. Von C. Stock und W. Schneider; Hogrefe, Göttingen 2008

HSP. Hamburger Schreib-Probe. Von P. May; 6., aktualisierte und erweiterte Auflage, Verlag für pädagogische Medien, Hamburg 2002

RST 4–7. Rechtschreibtest für Klasse 4–7. Von M. Grund; Computer & Lernen, Baden-Baden 2002–2006

RST-NNR. Rechtschreibtest Neue Rechtschreibregelung. Von S. Bulheller, N. Ibrahimovic und H. O. Häcker; 2., erweiterte Auflage, Harcourt Test Services, Frankfurt a. M. 2005

RT. Rechtschreibtest. Von V. Kersting und K. Althoff; 3., völlig überarbeitete und neu normierte Auflage, Hogrefe, Göttingen 2004

WRT1+. Weingartener Grundwortschatz Rechtschreib-Test für erste und zweite Klassen. Von P. Birkel; 2., neu normierte und vollständig überarbeitete Auflage, Hogrefe, Göttingen 2007

WRT2+. Weingartener Grundwortschatz Rechtschreib-Test für
zweite und dritte Klassen. Von P.
Birkel; 2. neu normierte und vollständig überarbeitete Auflage,
Hogrefe, Göttingen 2007

WRT3+. Weingartener Grundwortschatz Rechtschreib-Test für
dritte und vierte Klassen. Von P.
Birkel; 2. neu normierte und vollständig überarbeitete Auflage,
Hogrefe, Göttingen 2007

WRT4+. Weingartener Grundwortschatz Rechtschreib-Test für
4. und 5. Klassen. Von P. Birkel;
2. neu normierte und vollständig
überarbeitete Auflage, Hogrefe,
Göttingen 2007

Lesetests

ELFE 1–6. Ein Leseverständnistest für Erst- bis Sechstklässler.
Von W. Lenhard und W. Schneider; Hogrefe, Göttingen 2006

LGVT 6–12. Lesegeschwindig-
keits- und Verständnistest für die
Klassen 6–12. Von W. Schneider,
M. Schlagmüller und M. Ennemoser; Hogrefe, Göttingen 2007

SLRT. Der Salzburger Lese-
und Rechtschreibtest. Von
K. Landerl, H. Wimmer und
E. Moser; Huber, Bern 1997
*Eine Überarbeitung des Tests, ver-
bunden mit einer neuen Aufgabe,
wird in Kürze veröffentlicht.*

SLS 1–4. Salzburger Lese-Scree-
ning für die Klassenstufen 1–4.
Von H. Mayringer und H. Wimmer; Huber, Bern 2003

SLS 5–8. Salzburger Lese-Scree-
ning für die Klassenstufen 5–8.
Von M. Auer, G. Gruber, H.
Mayringer und H. Wimmer; Huber, Bern 2005

WLLP. Würzburger Leise Leseprobe. Von P. Küspert und W.
Schneider; Hogrefe, Göttingen
1998

Intelligenztests

CFT 1. Grundintelligenztest
Skala 1. Von R. B. Cattell, R. H.
Weiß und J. Osterland; 5., revi-
dierte Auflage, Hogrefe, Göttingen 1997

CFT 20-R. Grundintelligenztest
Skala 2. Von R. H. Weiß; 4.,
überarbeitete Auflage, Hogrefe,
Göttingen 1998

HAWIK-IV. Hamburg-Wechs-
ler-Intelligenztest für Kinder.
Von F. Petermann und U. Petermann; Huber, Bern 2007

HAWIVA-III. Hannover-
Wechsler-Intelligenztest für das
Vorschulalter. Von G. Ricken, A.
Fritz, K.-D. Schuck und U.
Preuß; Huber, Bern 2007

K-ABC. Kaufman Assessment Battery for Children. Deutsche Version: Individualtest zur Messung von Intelligenz und Fertigkeit bei Kindern. Von A. S. Kaufman und N. L. Kaufman, dt. Bearbeitung von P. Melchers und U. Preuß; 6., teilweise ergänzte Auflage, Hogrefe, Göttingen 2001

Vorschulisches Screening

BISC. Bielefelder Screening zur Früherkennung von Lese-Rechtschreib-Schwierigkeiten. Von H. Jansen, G. Mannhaupt, H. Marx und H. Skowronek; 2., überarbeitete Auflage, Hogrefe, Göttingen 2002

Sprachentwicklungstests

SET 5–10. Sprachstandserhebungsverfahren für Kinder im Alter zwischen 5 und 10 Jahren. Von F. Petermann unter Mitarbeit von L. Fröhlich und D. Parildayan-Metz; Hogrefe, Göttingen 2009

SETK 3–5. Sprachentwicklungstest für drei- bis fünfjährige Kinder. Von H. Grimm unter Mitarbeit von M. Aktas und S. Frevert; Hogrefe, Göttingen 2001

Auswahl von Materialien für die Lese- und Rechtschreibförderung

Lese- und Rechtschreibförderung

Born, A., Oehler, C. (2008): Lernen mit ADS-Kindern. Kohlhammer, München

Dummer-Smoch, L., Hackethal, R. (1993): Kieler Leseaufbau. Veris, Kiel

Dummer-Smoch, L., Hackethal, R. (2001): Kieler Rechtschreibaufbau. Veris, Kiel

Findeisen, U., Melenk, G., Schillo, H. (2000). Lesen lernen durch lauttreue Leseübungen. Band 1–3. Verlag Dr. Winkler, Bochum

Forster, M., Martschinke, S. (2001): Leichter lesen und schreiben lernen mit der Hexe Susi: Das Nürnberger Trainingsprogramm zur phonologischen Bewusstheit. Auer, Donauwörth

Kossow, H.-J. (1991). Leitfaden zur Bekämpfung der Lese-Rechtschreibschwäche (2. Auflage). Deutscher Verlag der Wissenschaften, Berlin

Küspert, P., Schneider, W. (2005): Hören, lauschen, lernen – Sprachspiele für Vorschulkinder (5. Auflage). Vandenhoeck & Ruprecht, Göttingen

Plume, E., Schneider, W. (2004): Hören, lauschen, lernen 2 – Spiele mit Buchstaben und Lauten für Kinder im Vorschulalter – Würzburger Buchstaben-Laut-Training. Vandenhock und Ruprecht, Göttingen

Reuter-Liehr, C. (2001–2007): Lautgetreue Lese-Rechtschreibförderung. Dr. Winkler, Bochum

Schulte-Körne, G., Mathwig, F. (2007): Das Marburger Rechtschreibtraining. Ein regelgeleitetes Förderprogramm für rechtschreibschwache Schüler. Dr. Winkler, Bochum

Literatur

Einstiegsliteratur für Eltern

Dummer-Smoch, L. (2002): Mit Phantasie und Fehlerpflaster: Hilfen für Eltern und Lehrer legasthenischer Kinder. Reinhardt, München

Firnhaber, M. (2007): Legasthenie und andere Wahrnehmungsstörungen: Wie Eltern und Lehrer Risiken frühzeitig erkennen und helfen können. Fischer, Frankfurt am Main

Küspert, P. (2003): Neue Strategien gegen Legasthenie. Oberstebrink, Ratingen-Lintorf

Warnke, A. S., Hemminger U., Plume E. (2003): Ratgeber Lese-Rechtschreibstörung. Hogrefe, Göttingen

Weiterführende Literatur

Ganser B., Richter W. (2003): Was tun bei Legasthenie in der Sekundarstufe? Auer, Donauwörth
Zur Förderung bei Legasthenie in der Sekundarstufe gibt es kaum Fachliteratur. Dieses Buch wurde herausgegeben, um diese Lücke zu schließen.

Klicpera, C., Gasteiger-Klicpera, B. (1995): Psychologie der Lese- und Schreibschwierigkeiten. Beltz, Weinheim
Eines der umfangreichsten psychologischen Fachbücher zum Thema Schriftspracherwerb, eine Fundgrube für wissenschaftlich Interessierte.

Klicpera, C., Schabmann, A., Gasteiger-Klicpera, B. (2007): Legasthenie. Ernst Reinhardt, München
Ein sehr gelungenes Buch, dessen zentrale Aussagen trotz zahlreicher Details klar herausgearbeitet werden. Empfehlenswert für Eltern wie für Lehrer.

Schründer-Lenzen, A. (2008): Schriftspracherwerb und Unterricht. VS Verlag für Sozialwissenschaften, Wiesbaden
Gut gegliederte und sehr übersichtliche Einführung in die Unterrichtsdidaktik des Schriftspracherwerbs.

Schulte-Körne, G. (2001): Lese-Rechtschreibstörung und Sprachwahrnehmung – Psychometrische und neurophysiologische Untersuchungen zur Legasthenie. Waxman, Münster
Ein wissenschaftliches Buch zu Fragen der Grundlagenforschung. Umfangreiche Darstellungen im Literaturteil zur phonologischen Bewusstheit und Sprachwahrnehmung bei der Legasthenie.

Schulte-Körne, G. (Hrsg.) (2001): Legasthenie: erkennen, verstehen, fördern. Dr. Winkler, Bochum
Aktuelle Übersichten zu allen relevanten Themen, Diagnostik, Ursachen, Förderung und Therapie bei der Legasthenie. Auch für interessierte Eltern geeignet.

Schulte-Körne, G. (Hrsg.) (2002): Legasthenie: Zum aktuellen Stand der Ursachenforschung, der diagnostischen Methoden und der Förderkonzepte. Dr. Winkler, Bochum
Ausführliche Darstellungen der führenden Wissenschaftler Deutschlands.

Schulte-Körne, G. (2006): Lese-Rechtschreibstörung. In: Mattejat, F. (Hrsg.): Das große Lehrbuch der Psychotherapie. Lehrbuch der Psychotherapie, Band 4: Verhaltenstherapie mit Kindern, Jugendlichen und ihren Familien. CIP, München
Übersicht zu Diagnostik und Therapie der Lese-Rechtschreib-Störung speziell für Psychotherapeuten.

Schulte-Körne, G. (2007): Aktuelle Entwicklungen in Wissenschaft, Schule und Gesellschaft. Dr. Winkler, Bochum
Aktuelle Übersicht namhafter Autoren zu Diagnostik, Ursachen und Förderung bei Lese-Rechtschreibstörung und Rechenstörung.

Sellin, K. (2008): Wenn Kinder mit Legasthenie Fremdsprachen lernen (2., überarbeitete und erweiterte Auflage). Reinhardt, München
Eine sehr praxisorientierte Einführung zum Fremdsprachenlernen bei Legasthenie.

Suchodoletz, W. v. (2006): Therapie der Lese-Rechtschreib-Störung, Kohlhammer, Stuttgart
Sehr gute Analyse der vielen Therapieangebote und umfangreiche Analysen auch zu den nicht wirksamen Therapien. Sehr empfehlenswert.

283

Wissenschaftliche Literatur

Bruck, M. (1987): The adult outcomes of children with learning disabilities. Ann Dyslexia 37: 252–63

Deimel, W. (2002): Testverfahren zur Diagnostik der Lese-Rechtschreibstörung. Eine Übersicht. In: Schulte-Körne, G.: Legasthenie: Zum aktuellen Stand der Ursachenforschung, der diagnostischen Methoden und der Förderkonzepte. Dr. Winkler, Bochum

Deimel, W. (2002): Diagnostik der Lese-Rechtschreibstörung. In: Schulte-Körne, G.: Legasthenie: Zum aktuellen Stand der Ursachenforschung, der diagnostischen Methoden und der Förderkonzepte. Dr. Winkler, Bochum

Deimel, W., Ziegler A., Schulte-Körne, G. (2004): Modell Schriftsprach-Moderatoren. Zwischenbericht der wissenschaftlichen Begleitung. www.kjp.med.uni-muenchen.de/download/MSM-Zwischenbericht.pdf

Dilling, H., Mombour, W., Schmidt, M. H. (Hrsg.) (2008): Internationale Klassifikation psychischer Störungen (6. Auflage). Hans Huber, Bern

Esser, G., Wyschkon, A., Schmidt, M. H. (2002): Was wird aus Achtjährigen mit einer Lese- und Rechtschreibstörung – Ergebnisse im Alter von 25 Jahren. Zeitschrift für Klinische Psychologie und Psychotherapie 31: 235–42

Frith, U. (1985): Beneath the surface of develop-mental dyslexia. In: K. E. Patterson, J. C. Marshall & M. Coltheart (Eds.): Surface dyslexia: neuro-psychological and cognitive studies of phonological reading: 301–330. Lawrence Erlbaum, Hillsdale NJ

Galaburda, A. M., Sherman, G. F., Rosen, G. D., Aboitiz, F., Geschwind, N. (1985): Developmental dyslexia: four consecutive patients with cortical anomalies. Ann Neurol 18: 222–233

Gasteiger-Klicpera, B., Klicpera, C. (1988): Legasthenieförderkurse an den Grundschulen: Ein geeignetes Fördermodell? In: Dummer-Smoch, L.: Legasthenie. Bericht über den Fachkongress 1988. Bundesverband Legasthenie e. V., Hannover

Georgiewa, P., Rzanny, R., Gaser, C., Gerhard, U. J., Vieweg, U., Freesmeyer, D., Mentzel, H. J., Kaiser, W. A., Blanz, B. (2002): Phonological processing in dyslexic children: a study combining functional imaging and event related potentials. Neuroscience Letters 318: 5–8

Guttorm, T. K., Leppänen, P. H., Poikkeus, A. M., Eklund, K. M., Lyytinen, P., Lyytinen, H. (2005): Brain event-related potentials (ERPs) measured at birth predict later language development in children with and without familial risk for dyslexia. Cortex 41: 291–303

Haahr, J. H., Nielsen, T. K., Hansen, M. E., Jakobsen, S. T. (2005): Explaining Student Performance: Evidence from international PISA, TIMSS and PIRSL surveys. http://ec.europa.eu/education/pdf/doc282_en.pdf

Haffner, J., Zerahn-Hartung, C., Pfuller, U., Parzer, P., Strehlow, U., Resch, F. (1998): Auswirkungen und Bedeutung spezifischer Rechtschreibprobleme bei jungen Erwachsenen – empirische Befunde in einer epidemiologischen Stichprobe. Zeitschrift für Kinder- und Jugendpsychiatrie und Psychotherapie 26: 124–135

Klicpera, C., Schabmann, A., Gasteiger-Klicpera, B. (1993): Lesen- und Schreibenlernen während der Pflichtschulzeit: Eine Längsschnittuntersuchung über die Häufigkeit und Stabilität von Lese- und Rechtschreibschwierigkeiten in einem Wiener Schulbezirk. Zeitschrift für Kinder- und Jugendpsychiatrie 21: 214–255

Komnick R. (2000): Integrative Legasthenietherapie an der Jugenddorf-Christophorusschule. In: Naegele I. M., Valtin R. (Hrsg.). LRS – Legasthenie in den Klassen 1–10: 122–128. Beltz, Weinheim

Landerl, K. (2001): Word recognition deficits in German: more evidence from a representative sample. Dyslexia 7: 183–196

Lyytinen, H., Ahonen, T., Eklund, K., Guttorm, T. K., Laakso, M. L., Leinonen, S., Leppanen, P. H., Lyytinen, P., Poikkeus, A. M., Puolakanaho, A.,Richardson, U., Viholainen, H. (2001): Developmental pathways of children with and without familial risk for dyslexia during the first years of life. Developmental Neuropsychology 20: 535–554

Maughan, B., Rowe. R., Loeber, R., Stouthamer-Loeber, M. (2003): Reading problems and depressed mood. J Abnorm Child Psychol 31: 219–229

Morgan, W. P. (1896): A case of congenital word-blindness. Br J Med 2: 1378

Paracchini, S., Thomas, A., Castro, S., Lai, C., Paramasivam, M., Wang, Y., Keating, B. J., Taylor, J. M., Hacking, D. F., Scerri, T., Francks, C., Richardson, A. J., Wade-Martins, R., Stein, J. F., Knight, J. C., Copp, A. J., Loturco, J., Monaco, A. P. (2006): The chromosome 6p22 haplotype associated with dyslexia reduces the expression of KIAA0319, a novel gene involved in neuronal migration. Hum Mol Genet 15: 1659–66.

Paulesu, E., Demonet, J. F., Fazio, F., McCrory, E., Chanoine, V., Brunswick, N., Cappa, S. F., Cossu, G., Habib, M., Frith, C. D., Frith, U. (2001): Dyslexia: cultural diversity and biological unity. Science 291: 2165–2167

Ptok, M., Berger, R., Deuster, C. von, Gross, M., Lamprecht-Dinnesen, A., Nickisch, A., Radü, H. J., Uttenweiler, V. (2001): Auditive Verarbeitungs- und Wahrnehmungsstörungen. HNO 48: 357–360

Ranschburg, P. (1928): Die Lese- und Schreibstörung des Kindesalters. Marhold, Halle

Remschmidt, H,. Schmidt, M., Poustka, F. (2008): Multiaxiales Klassifikationsschema für psychische Störungen des Kindes- und Jugendalters nach ICD-10 der WHO. Hans Huber, Bern

Richardson, U., Leppanen, P. H., Leiwo, M., Lyytinen, H. (2003): Speech perception of infants with high familial risk for dyslexia differ at the age of 6 months. Developmental Neuropsychology 23: 385–397

Salmelin, R., Service, E., Kiesila, P., Uutela, K., Salonen, O. (1996): Impaired visual word processing in dyslexia revealed with magnetoencephalography. Annals of Neurolog. 40: 157–162

Scheerer-Neumann, G. (1979): Intervention bei Lese-Rechtschreibschwäche. Überblick über Theorien, Methoden und Ergebnisse. Kamp, Bochum

Scheerer-Neumann, G. (1988): Rechtschreibtraining mit rechtschreibschwachen Hauptschülern auf kognitionspsychologischer Grundlage: Eine empirische Untersuchung. Westdeutscher Verlag, Opladen

Schiefele, U., Artelt, C., Stanat, P., Schneider, W. (Hrsg.) (2004): Entwicklung und Förderung von Lesekompetenz – vertiefende Analysen im Rahmen von PISA. VS Verlag für Sozialwissenschaften, Wiesbaden

Schneider, W., Roth, E., Küspert, P., Ennemoser, M. (1998): Kurz- und langfristige Effekte eines Trainings der sprachlichen (phonologischen) Bewusstheit bei unterschiedlichen Leistungsgruppen: Befunde einer Sekundäranalyse. Zeitschrift für Entwicklungspsychologie und Pädagogische Psychologie 30: 26–39

Schulte-Körne, G. (2001): Annotation: Genetics of reading and spelling disorder. Journal of Child Psychology and Psychiatry 42: 985–997

Schulte-Körne, G., Remschmidt, H. (2003): Lese-Rechtschreib-Störung (Legasthenie) – Symptomatik, Diagnostik, Ursachen, Verlauf und Behandlung. Deutsches Ärzteblatt 100 (A): 396–408. Schlusswort: Deutsches Ärzteblatt 100 (A): 2169–2170

Schulte-Körne, G., Deimel, W., Remschmidt, H. (1997): Die Bedeutung von phonologischer Rekodierfähigkeit und orthografischem Wissen für die Rechtschreibfähigkeit Erwachsener. Zeitschrift für Klinische Psychologie 26, 210–217

Schulte-Körne, G., Schäfer, J., Deimel, W., Remschmidt, H. (1997): Das Marburger Eltern-Kind-Rechtschreibtraining – Erste Befunde. Zeitschrift für Kinder- und Jugendpsychiatrie 25: 151–159

Schulte-Körne, G., Deimel, W., Bartling, J., Remschmidt, H. (1998a): The role of auditory temporal processing for reading and spelling ability. Perceptual and Motor Skills 86: 1043–1047

Schulte-Körne, G., Deimel, W., Remschmidt, H. (1998b): Das Marburger Eltern-Kind-Rechtschreibtraining. Verlaufsuntersuchungen nach zwei Jahren. Zeitschrift für Kinder- und Jugendpsychiatrie und Psychotherapie 25: 151–159

Schulte-Körne, G., Deimel, W., Bartling, J., Remschmid, H. (1998c): Auditory processing and dyslexia: evidence for a specific speech deficit. Neuro-Report 9: 337–340

Schulte-Körne, G., Grimm, T., Nöthen, M. M., Müller-Myhsok, B., Cichon, S., Vogt, I. R., Propping, P., Remschmidt, H. (1998d): Evidence for linkage of spelling disability to chromosome 15. American Journal of Human Genetics 63: 279–282

Schulte-Körne, G., Deimel, W., Bartling, J., Remschmidt, H. (1999): The role of phonological awareness, speech perception and auditory temporal processing for dyslexia. European Child and Adolescent Psychiatry 8, Suppl. 3: 28–34

Schulte-Körne, G., Bartling, J., Deimel, W., Remschmidt, H. (1999): Attenuated hemispheric lateralisation in dyslexia: evidence of a visual processing deficit. NeuroReport 10: 3697–3701

Schulte-Körne, G., Deimel, W., Bartling, J., Remschmidt, H. (1999): Pre-attentive processing of auditory patterns in dyslexic human subjects. Neuroscience Letters 276: 41–44

Schulte-Körne, G., Deimel, W., Bartling, J., Remschmidt, H. (2001): Speech perception deficit in dyslexic adults as measured by mismatch negativity (MMN). International Journal of Psychophysiology 40: 77–87

Schulte-Körne, G., Deimel, W., Hülsmann, J., Seidler, T., Remschmidt, H. (2001): Das Marburger Rechtschreib-Training – Ergebnisse einer Kurzzeitintervention. Zeitschrift für Kinder- und Jugendpsychiatrie und Psychotherapie 29: 7–15

Schulte-Körne, G., Deimel, W., Remschmidt, H. (2001): Zur Diagnostik der Lese-Rechtschreibstörung. Zeitschrift für Kinder- und Jugendpsychiatrie und Psychotherapie 29: 113–116

Schulte-Körne, G., Deimel, W., Remschmidt, H. (2003): Rechtschreibtraining in schulischen Fördergruppen – Ergebnisse einer Evaluationsstudie in der Primarstufe. Zeitschrift für Kinder- und Jugendpsychiatrie und Psychotherapie 31: 85–98

Schulte-Körne, G., Deimel, W., Remschmidt, H. (2003): Nachuntersuchung einer Stichprobe von lese- und rechtschreibgestörten Kindern im Erwachsenenalter. Zeitschrift für Kinder- und Jugendpsychiatrie und Psychotherapie 31, 4: 267–276

Schulte-Körne, G., Bartling, J., Deimel, W., Remschmidt, H. (2004a): Motion-onset VEPs in dyslexia – Evidence for visual perceptual deficit NeuroReport 15: 1075–1078

Schulte-Körne, G., Bartling, J., Deimel, W., Remschmidt, H. (2004b): Visual evoked potentials by coherently moving dots in dyslexic children. Neuroscience Letters 357: 207–210

Schulte-Körne, G., Deimel, W., Bartling, J., Remschmidt, H. (2004c): Neurophysiological correlates of word recognition in dyslexia. Journal of Neural Transmission 111: 971–984

Schulte-Körne G., Bartling J., Deimel W., Remschmidt H. (2004d): Visible persistence and dyslexia: No evidence for a magnocellular deficit. Journal of Neural Transmission 111: 941–550

Schulte-Körne, G., Ludwig, K. U., Sharkawy, J., Nöthen, M. M., Müller-Myhsok, B., Hoffmann, P. (2007): Genetics and Neuroscience in Dyslexia: Perspectives for Education and Remediation. Mind, Brain and Education 1:162–172

Schulte-Körne, G., Ziegler, A., Deimel, W., Schumacher, J., Plume, E., Bachmann, C., Kleensang, A., Propping, P., Nöthen, M. M., Warnke, A., Remschmidt, H., König, I. R. (2006): Interrelationship and familiality of dyslexia related quantitative measures. Ann Hum Genet 70: 1–16

Schulte-Körne, G. (2007): Genetik der Lese- und Rechtscheibstörung. Monatsschrift Kinderheilkunde 155: 328–336

Schumacher, J., Anthoni, H., Dahdouh, F., König, I, R., Hillmer, A., Kluck, N., Manthey, M., Plume, E., Warnke, A., Remschmidt, H., Hülsmann, J., Cichon, S., Lindgren, C. M., Propping, P., Zucchelli, M., Ziegler, A., Peyrard-Janvid, M., Schulte-Körne, G., Nöthen, M. M., Kere, J. (2006): Strong genetic evidence for DCDC2 as a susceptibility gene for dyslexia. Am J Hum Genet 78: 52–62

Sénéchal, M., LeFevre, J. A., Thomas, E., Daley, K. (1998): Differential effects of home literacy experiences on the development of oral and written language. Reading Research 32: 96–116

Shaywitz, S. E., Fletcher, J. M., Holahan, J. M., Shneider, A. E., Marchione, K. E., Stuebing, K. K., Francis, D. J., Pugh, K. R., Shaywitz, B. A. (1999): Persistence of dyslexia: the Connecticut Longitudinal Study at adolescence. Pediatrics 104: 1351–1359

Shaywitz, S. E., Shaywitz, B. A., Fulbright, R. K., Skudlarki, P., Mencl, W. E., Constable, R. T., Pugh, K. R., Holahan, J. M., Marchione, K. E., Fletcher, J. M., Lyon, G. R., Gore, J. C. (2003): Neural systems for compensation and persistence: Young adult outcome of childhood reading disability. Biological Psychiatry 54: 25–33

Strehlow, U., Kluge, R., Moller, H., Haffner, J. (1992): Der langfristige Verlauf der Legasthenie über die Schulzeit hinaus: Katamnesen aus einer Kinderpsychiatrischen Ambulanz. Zeitschrift für Kinder- und Jugendpsychiatrie 20: 254–265

Tacke, G. (1999): Schulische und häusliche Leseförderung: empirische Befunde und Förderprogramme. Kindheit und Entwicklung 8: 153–157

Tacke, G., Wörner, R., Schultheiss, G., Brezing, H. (1993): Die Auswirkung rhythmisch-syllabierenden Mitsprechens auf die Rechtschreibleistung. Zeitschrift für Pädagogische Psychologie 7: 139–147

Thome, G. (2004): Lese-Rechtschreib-Schwierigkeiten (LRS) und Legasthenie. Beltz, Weinheim

Trauzettel-Klosinski, S., Schäfer, W. D., Klosinski, G. (2002): Legasthenie – Grundlagen des Lesens – Lese-Rechtschreib-Störung – okuläre Lesestörung. Ophthalmologe 99: 208–229

Turkeltaub, P. E., Gareau, L., Flowers, D. L., Zeffiro, T. A., Eden, G. F. (2003): Development of neural mechanisms for reading. Nat Neurosci 6: 767–773

Vellutino, F. R., Fletcher, J. M., Snowling, M. J., Scanlon, D. M. (2004): Specific reading disability (dyslexia): what have we learned in the past four decades? J Child Psychol Psychiatry 45: 2–40.

Viholainen, H., Ahonen, T., Cantell, M., Lyytinen, P., Lyytinen, H. (2002): Development of early motor skills and language in children at risk for familial dyslexia. Developmental Medicine and Child Neurology 44: 761–769

Wimmer, H., Hartl, M. (1991): Erprobung einer phonologisch, multisensorischen Förderung bei jungen Schülern mit Lese-Rechtschreib-Schwierigkeiten. Heilpädagogische Forschung 17: 74–79

Wolf, M., Bowers, P.G.(1999): The double-deficit hypothesis for the developmental dyslexias. J Educ Psychol 91: 415–438

Glossar

ADS, ADHS, Aufmerksam-keitsstörung

Aufmerksamkeitsdefizit oder Aufmerksamkeitsdefizit-Hyper-aktivitäts-Störung sind Störungs-bezeichnungen, die uneinheitlich für Schwierigkeiten der Auf-merksamkeitssteuerung, Impulsi-vität und unruhiges Verhalten verwandt werden. In den letzten Jahren hat die Diagnose ADS deutlich zugenommen. Viele Kin-der mit Schulproblemen werden fälschlicherweise als ADS-Kin-der diagnostiziert. Die Diagnos-tik sollte durch einen Kinder- und Jugendpsychiater erfolgen, der sich auch mit den anderen psychischen Störungen auskennt. Neben der klinischen Diagnose Aufmerksamkeitsdefizit-Hyper-aktivitäts-Störung bzw. hyper-kinetische Störung gibt es auch Legastheniker, die diese Störung zwar nicht zeigen, jedoch eine nicht ausreichende Aufmerksam-keit haben. Sie sind weder hyper-aktiv noch impulsiv.

Anamnese

Mit Anamnese wird die Kran-ken- und Lebensgeschichte eines Menschen bezeichnet. Diese Anamnese wird im persönlichen Gespräch mit den Eltern erho-ben. In die Anamnese gehören auch Schwangerschaft, Geburt und die Entwicklung in den ers-ten Lebensjahren. Die kinder- und jugendpsychiatrische Anam-nese umfasst insbesondere die psychosoziale Entwicklung und die Familienanamnese.

Auditive Wahrnehmung

Der Begriff auditive Wahrneh-mung ist sehr unspezifisch und wird für alle Bereiche der peri-pheren und zentralen auditiven Informationsverarbeitung ge-nutzt.

Formant

Konzentration von Lautenergie (hohe Amplitude) in einem ziem-lich engen Frequenzband, die durch die Resonanzräume von Mund, Nase, Rachenraum und Lungen erzeugt wird. Formanten sind u. a. für Klangunterschiede, z. B. zwischen Vokalen oder zwi-schen Reibelauten (Frikativen, z. B. stimmhaftes S in Saft) ver-antwortlich. F0 ist die Grundfre-quenz, F1 und F2 bestimmen im Wesentlichen die Vokalqualität.

Intrauterine Entwicklung

Die Entwicklung des Kindes während der Schwangerschaft bis zur Geburt

Klassifikationsschema

Um die häufigsten Erkrankungen einzuordnen und ihre Kernsymptomatik zu beschreiben, werden Klassifikationsschemata verwendet. Die WHO gibt in regelmäßigen Abständen ein Klassifikationsschema heraus, das ICD (International Statistical Classification of Diseases and Related Health Problems). Zurzeit ist das gültige Schema das ICD-10. Dieses Schema dient dazu, Krankheitsbilder zu klassifizieren. Es soll angemessen zwischen Störungen differenzieren und klinisch sowie wissenschaftlich anwendbar sein. Bei der Darstellung der einzelnen Störungen, zu denen auch die Lese-Rechtschreib-Störung (Legasthenie) und die isolierte Rechtschreibstörung gehören, finden Sie Angaben zur Symptomatik, zur Diagnostik, zur Häufigkeit, zum Verlauf und zur Therapie.

Koordinationsfähigkeit

Die Koordinationsfähigkeit der motorischen Funktionen bezeichnet die Steuerung und Ablauf von Bewegungen. Eine normale Koordinationsfähigkeit liegt vor, wenn entsprechend der Entwicklung des Nervensystems motorische Funktionen, wie z. B. Hand- oder Beinbewegungen, geordnet, d. h. koordiniert ablaufen.

Morphem

Das Morphem ist die kleinste bedeutungtragende Einheit einer Sprache. Das Wort Baumstamm besteht z. B. aus den beiden Morphemen Baum und Stamm.

Okuläre Lesestörung

Der Begriff okuläre Lesestörung bezeichnet die Formen von Lesestörungen, die auf Störungen der Augenmotilität, der Koordination der Augen, des beidäugigen Sehens und des Ein- oder Auswärtsschielens zurückgeführt werden können. Bei der Legasthenie treten diese Phänomene nicht gehäuft auf, weshalb auch Therapiemethoden wie Irlen-Gläser, Rasterbrille, Training der Augendominanz und die Behandlung von Winkelfehlsichtigkeit keine spezifischen Therapiemethoden zur Behandlung der Legsthenie sind.

Phonem

Kleinster, sequenzieller, lautlicher Bestandteil eines Wortes. Phoneme werden durch ihre phonetische Ähnlichkeit definiert und tragen distinktive, d. h. wortunterscheidende Funktionen. Wir unterscheiden z. B. Baum, Saum und kaum. Es gibt für jede Sprache einen charakteristischen Phonem-Bestand.

Plosivlaute

Konsonant, bei dem die Kehlhöhle und der weiche Gaumen vorübergehend vollständig abgeschlossen werden, woraufhin die zusammengedrückte Luft explosiv entweicht. Bei der Bildung eines Plosivs (p, t, k) werden artikulatorisch drei Phasen unterschieden: die Verschlussbildung (I), die Verschlussphase (II) und die Verschlusslösung (auch »burst« im Englischen) (III). In der ersten Phase bildet das artikulierende Organ (Lippen, Zungenspitze, Zungenrücken) einen vollständigen Verschluss mit der Artikulationsstelle (labial, alveolar, velar). Während dieser Zustand über einen bestimmten Zeitraum aufrechterhalten wird, staut sich hinter dem Verschluss der expiratorische Luftstrom (Phase II), bis sich der Verschluss unter explosiver Geräuschbildung in der dritten Phase löst.

Pseudowort

Pseudowörter sind künstlich gebildete Wörter auf der Grundlage von bereits existierenden Wörtern, meist durch Ersetzen eines Buchstabens, wie z. B. die Bildung *Atamm* aus *Stamm*. Pseudowörter werden eingesetzt, um den Einfluss zu kontrollieren, dass Kinder eine Aufgabe zur phonologischen Bewusstheit anhand des visuellen Wiedererkennens eines Wortes lösen und nicht unter Anwendung von phonologischen Fähigkeiten.

Rechtschreib-Algorithmen

Mit einem Algorithmus wird eine Verarbeitungsvorschrift bezeichnet, die zur Lösung eines Problems dient. Im Zusammenhang mit der Rechtschreibung werden Rechtschreib-Algorithmen im *Marburger Rechtschreibtraining* eingesetzt. Der Aufbau eines Algorithmus ist so gestaltet, dass für ein Rechtschreibproblem nacheinander Lösungsschritte vorgeschrieben sind, die abgearbeitet werden. Algorithmen stellen ein sehr strukturierendes und lösungsorientiertes Element des Trainingsprogramms dar.

Schriftspracherwerb

Mit Schriftspracherwerb werden die Entwicklungsschritte bezeichnet, die zur Lese- und Rechtschreibfähigkeit führen. Diese Schritte umfassen die Entwicklung von phonologischen und orthographischen Fähigkeiten.

Screening

Screening ist eine Methode, um möglichst eine Vielzahl von Individuen, meist unter Einsparung von Zeitaufwand und Kosten, hinsichtlich des Vorliegens eines Merkmals oder einer Fähigkeit zu untersuchen. Screening-Verfahren bei der Diagnostik der Legasthenie sind dadurch gekennzeichnet, dass sie recht schnell einen Eindruck über die kognitiven Fähigkeiten sowie über die Lese- und Rechtschreibfähigkeit geben. Zur genaueren Analyse werden umfangreichere Testverfahren durchgeführt.

Standardisierter Test

Standardisierung bedeutet die Festlegung von vorher definierten Standards. Diese sind bei psychologischen Testverfahren die Zuverlässigkeit, die Objektivität, die Gültigkeit und Vergleichbarkeit. Hierzu kommen die standardisierte Durchführung, Auswertung und Interpretation des Tests.

Testnormen

Die Normierung gehört zu den Gütekriterien eines Tests. Mit Normierung ist die Eichung des Tests für eine bestimmte untersuchte Population gemeint. Der Begriff Normierung wird auch gleichbedeutend mit Standardisierung verwandt. Bei der Normierung werden bei Rechtschreibtests z. B. alle Schüler der vierten Klasse in den letzten drei Monaten des vierten Schuljahres untersucht. Die im Test gemessene Leistung kann daher auch nur in Bezug zu der Normierungsstichprobe bewertet werden.

Register

Andrea Lex-Kachel, Elke Emmerich und
Martina Oberhauser

Mit AD(H)S durch die Grundschule

Wie Sie die Konzentration, Motivation und Organisation Ihres Kindes fördern

Rund 500 000 Kinder in Deutschland leiden unter dem Aufmerksamkeits-Defizit-(Hyperaktivitäts-)Syndrom. Spätestens in der Grundschule beginnen ihre Probleme. Dieser Ratgeber zeigt Eltern erfolgserprobte Lerntechniken für jede Jahrgangsstufe, gibt Tipps für eine konstruktive Gesprächsführung mit den Lehrern und Hilfestellungen, um das Selbstbewusstsein und die Motivation des betroffenen Kindes zu stärken.

Knaur Ratgeber Verlag

Georg Keller und Marie-Therese Zierau

Hilfe bei AD(H)S

Ernährungstherapie statt Ritalin
Für Zappelphilipp-Kinder und kleine Träumer
Mit Spezial: Legasthenie

Es gibt mehr AD(H)S-Erkrankte als Diabetiker – allein in Deutschland sind fünf Millionen Kinder und Erwachsene betroffen! Praktisch unbekannt ist hierzulande die in England und den USA seit Jahren erfolgreich als Basisbehandlung eingesetzte Nährstofftherapie. Forscherteams in Harvard, Oxford und anderen renommierten Instituten fanden heraus, dass ein Zusammenhang zwischen dem Mangel an bestimmten Nährstoffen und dem Auftreten von AD(H)S sowie anderen Lern- und Verhaltensstörungen besteht. Klinische Studien belegen, dass sich die AD(H)S-Symptome durch eine Nährstofftherapie deutlich verbessern lassen.

Knaur Ratgeber Verlag